Park-Stadt Oberhausen

**Wiedergeburt eines historischen
Stadtzentrums moderner Architektur**

Park-Stadt Oberhausen
Wiedergeburt eines historischen Stadtzentrums moderner Architektur

Fotografien von Thomas Wolf
mit einem kulturhistorischen Essay von Roland Günter

Herausgegeben von Bernhard Mensch und Peter Pachnicke

INHALT:

Der Katalog wurde gefördert durch die Stadtsparkasse Oberhausen

„Park-Stadt Oberhausen" – ein Paradoxon?

In der Ludwig Galerie Schloss Oberhausen, fand 2004 zum 75jährigen Stadtjubiläum die Ausstellung „Park-Stadt Oberhausen" statt. Damals erschien auch das gleichnamige Buch. Beide haben den Blick der Besucher auf Oberhausen grundlegend verändert. Parkanlagen, Alleen, Plätze, alles wird mit anderen Augen betrachtet, neu bewertet.

Die Bilder lehren sehen. Sie zeigen, dass der historische Kern von Oberhausen ein herausragendes Beispiel für die Garten- und Parkstadtbewegung des frühen 20. Jahrhunderts ist. Sie folgt eindrucksvoll den damaligen städtebaulichen Visionen einer harmonischen Einheit von Architektur, Natur und Mensch.

Die „Park-Stadt" ist das schöpferische Ergebnis von Stadtplanern, denen es gelungen ist, aus der Verbindung brachliegender Flächen durch Alleen und Parkanlagen ein damals hochmodernes Stadt-, Wohn- und Verwaltungszentrum zu errichten. Diese Erkenntnisse wirken bis heute fort. Der aktuelle „Masterplan Innenstadt" Alt-Oberhausen, mit dem Ziel eines vitalen, lebenswerten Stadtzentrums hat im „Park-Stadt"-Gedanken seine Wurzeln.

Bausünden der Nachkriegszeit, Vernachlässigung der Grünanlagen und innerstädtischen Plätze, eine starke Fluktuation der Wohnbevölkerung, schwindende Wirtschaftskraft, all das hat dazu geführt, dass heimatliche Bindung und Identifikation mit den städtebaulichen Qualitäten der Gründerzeit nicht mehr so ausgeprägt sind.

Auf der anderen Seite stehen mit dem Bert-Brecht-Haus, dem Polizeipräsidium, dem ehemaligen Arbeitsamt, dem damaligen Kaufhaus Zentral (heute P&C), der Platzbebauung am Friedensplatz oder am Altmarkt Stein gewordene Erinnerungen an Bürgerstolz, Wagemut und Wirtschaftskraft. Alles ist durchdrungen von Parkanlagen und Baumalleen.

Diese imponierende Substanz zu erhalten und auf der Höhe der Zeit weiterzuentwickeln ist die große Herausforderung für die „grüne" Zukunft der „Park-Stadt" Oberhausen.

Wie spannend das Thema für Bürger und Besucher ist, zeigt dieser Bildband. Nach dem Ausverkauf der ersten Auflage ist dies jetzt die zweite. Dieses bemerkenswerte Buch ist ein eindrucksvoller Beweis: „Park-Stadt Oberhausen" – kein Paradoxon!

Klaus Wehling　　　　　　　　　　　　　*Bernhard Mensch*
Oberbürgermeister　　　　　　　　　　　*Direktor der Ludwig Galerie*

Renaissance einer Park-Stadt

PETER PACHNICKE

Schönheit wird immer erst in Bildern sichtbar. Längst bevor wir auf Reisen die bedeutenden historischen Stadtzentren real erleben, haben sie sich uns durch Postkarten, Bildbände und Filme eingeprägt. So war das Bild von Oberhausen seit der Jahrhundertwende bis in die 1970er Jahre das einer Stadt der qualmenden Schlote: Die Fotografien aus dieser Zeit zeigen uns eine faszinierende Metropole der Stahl- und Eisenindustrie, deren ebenso gewaltiger wie gewalttätiger Produktionsrhythmus gleichermaßen Natur und Mensch in sich aufsaugt.

Dass das Zentrum der Stadt Oberhausen zwischen Hauptbahnhof und Rathaus eine einzigartige Park-Stadt ist, die in der ersten Hälfte des 20. Jahrhunderts entstand und bis heute in ihrer Substanz erhalten ist, passt nicht in unser Bild der Stadt der qualmenden Schlote. Dabei bedarf es nur eines einzigen Luftbildes des Zentrums der Stadt, um zu sehen: Kostbare Baumalleen und ausgedehnte Grünflächen durchziehen die Stadt wie ein Netz pulsierender Adern und kräftiger Lungen, und aus dem grünen Meer wachsen Verwaltungsgebäude, Schulen und Wohnviertel – wie in einer Park-Stadt.

Seitdem die Industrialisierung im 19. Jahrhundert die Landschaft in sich aufsaugte, wurden in allen Städten des Ruhrgebiets – als Ersatz für verlorene Natur – Baumalleen und Parks angelegt. Was jedoch im Zentrum Oberhausens von 1900 bis in die 1930er Jahre entstand, war die Verwirklichung einer großen städtebaulichen Utopie der modernen Architektur: Die Mitte der Stadt selbst wurde zum Park gemacht.

Dem damaligen Stadtbaumeister, Ludwig Freitag, gelang es, nicht nur herausragende Architekten der Berliner und Darmstädter Schule zu Meisterwerken backsteinexpressionistischer Architektur anzuregen, sondern die entstandenen Gebäude sind mit den Parks und Baumalleen verwachsen zu einem einzigartigen Ganzen von faszinierender rhythmischer Bewegtheit.

Ein spannungsvolles Gleichgewicht von Baukörpern, Grünflächen und Verkehrswegen entfaltet sich dabei nicht nur horizontal, sondern auch vertikal: Vom Vorplatz des Hauptbahnhofes bis zum Rathaus auf dem ehemaligen Galgenberg bewirken die auf unterschiedlichem Niveau liegenden Parkanlagen eine aufregende Terrassengliederung, die ihren Höhepunkt im Grillopark und dem aus ihm herauswachsenden Rathaus findet, das sich wie ein Ozeanriese aus dem grünen Meer erhebt.

Das historische Stadtzentrum Oberhausen
Luftaufnahme

Eine in Deutschland einzigartige Park-Stadt moderner Architektur ist damals entstanden, aber man hat sie jahrzehntelang nicht mehr wahrgenommen. Die Parks hatten sich in den 1960er Jahren dem Blick verschlossen, waren von wild wachsenden Hecken und Sträuchern eingeschlossen. Kein Auge konnte die wunderbare Einheit von Stadt und Park mehr erfassen. Nun wird die Park-Stadt aus dem Dornröschenschlaf wiedererweckt, die Hecken beschnitten, die Bäume aufgeastet, die Randsteine der Parkwege aufgerichtet. Im Jahr des 75. Stadtjubiläums wird die Park-Stadt am Grillopark und Rathaus wiedergeboren. Sie wird schöner sein als je zuvor, denn in den vergangenen Jahrzehnten sind die auf den alten Fotos noch unscheinbaren Bäumchen zu mächtigen Bäumen herangewachsen, die in räumlicher Wechselwirkung mit dem backsteinexpressionistischen Gebäudeensemble und den ausgedehnten Grünflächen – im Wandel von Licht und Schatten – erst ihre ganze Schönheit offenbaren.

Der Idee der Park-Stadt lag ein ganz anderer Gestaltungswille zugrunde als dem gründerzeitlichen Bauen, das Schönheit vor allem in repräsentativen Fassaden darzustellen versuchte. Schönheit einer Park-Stadt bedeutet dagegen, den gesamten Stadtkörper so zu gestalten, dass Gebäude, Grünflächen und Verkehrswege einen lebendigen, lichtdurchfluteten Organismus bilden, der den Menschen Raum zum Atmen schafft, der Landschaft endlich wieder zurückholt ins Zentrum der Städte. *„Einen gesunden Stadtkörper wollen wir gestalten"*, schrieb programmatisch Eduard Jüngerich, der Beigeordnete der Stadt Oberhausen für Bauen und Wohnen im Jahre 1925, *„seinem Organismus die markigen Verkehrsadern, die kraftvollen Lungen – ein Netz ausstrahlender Grünflächen – schaffen. Und schön gestaltet muss dieser Körper werden, aus Ungefügem, Ungelenkem muss rhythmisches Ebenmaß entstehen."*

Die Fotografien von Thomas Wolf machen uns diese Schönheit bewusst, zeigen uns in Luftaufnahmen, Total- und Detailansichten diese Stadt – durch die wir täglich gehen –, wie wir sie noch nie gesehen haben. Erst durch diese Bilder lernen wir die Schönheit sehen – und durch die Texte des „Stadtschreibers des Ruhrgebietes", Roland Günter.

Diese Stadt war in ihrer Geschichte nicht nur ein Raum, in dem sich die gewaltigen Energien der Industrialisierung hemmungslos entfalten konnten, sondern immer gab es hier auch – als Gegenbewegung – Raum für die Entfaltung der Lebenswerte Gesundheit und Erholung. Ein eigentümlich produktiver Mechanismus bewegt diese Stadt: Immer dann, wenn eine Phase der Industrialisierung zu Ende ging, versank sie nicht in Depression, sondern begann auf den Arealen der bankrott gegangenen, stillgelegten Zechen und Stahlwerke eine Wiedergeburt städtischen Lebens. Das war um 1900 so, als auf dem Gelände der verfallenen Styrumer Eisenindustrie AG der heutige Friedensplatz als Beamten- und Wohngebiet mit seinen wunderbaren Baumalleen entstand, und wiederholte sich in den 1990er Jahren, als auf dem Gelände der abgerissenen Produktionsstätte von Thyssen die „Neue Mitte" entstand: Das CentrO als ein monumentaler Konsum- und Unterhaltungspark, der den Strukturwandel aus der traditionellen Arbeitsgesellschaft in die moderne Beschäftigungsgesellschaft einleitete. Das Areal wurde dabei nicht einfach dem Erdboden gleichgemacht, sondern Bauwerke der Industriearchitektur wurden bewahrt und neuen Nutzungen zugeführt. Der alles überragende Gasometer, das Stahlwerk-Ost, der Behrensbau, das Brechthaus, der Hauptbahnhof und das Rathaus verkünden nun – inmitten eines Prozesses der Modernisierung – unübersehbar, dass Oberhausen bedeutende architekturgeschichtliche Wurzeln hat, aus denen es sich wie ein Phönix immer wieder zu erneuern vermag.

Auch der Mittelpunkt der Park-Stadt zwischen Hauptbahnhof und Rathaus ist in den Krisenzeiten der 1920er und 1930er Jahre mit Mitteln der Arbeitsförderung im Rahmen der öffentlichen Bautätigkeit auf dem Grund und Boden von verkommenen Deponien und ungenutzten Freiflächen gebaut worden. Heute ist diese Park-Stadt ein einzigartiges historisches Stadtzentrum der Architekturgeschichte des 20. Jahrhunderts, das vielleicht kostbarste Kulturerbe der Stadt Oberhausen. In seiner Orientierung auf den Lebenswert Gesundheit weist sie den Weg in die Zukunftsgestaltung der Stadt. Verschreibt sich doch die Stadt mit ihrem Projekt O.Vision, das in den nächsten zehn Jahren auf dem Gelände des ehemaligen Stahlwerks-Ost in der Neuen Mitte entstehen wird, der Gesundheit: *„Eine Kathedrale und ein Marktplatz für die Dienstleistungen an der Gesundheit des Menschen soll O.Vision werden."* (Burkhard Drescher)

Grillo-Park mit Rathaus
Alt-Oberhausen, Luftaufnahme

Grillo-Park, ca.1930, restaurierter Zustand 2003, Alt-Oberhausen

Rathaus, 1927-1928 , Alt-Oberhausen

Rathaus, 1927-1928 , Arkaden, Alt-Oberhausen

Rathaus, 1927-1928, Westfassade, Alt-Oberhausen

Rathaus

In einem Meer von Bäumen stehen Verwaltungs- und Wohnhäuser – und mitten in dem Grün wächst als Höhepunkt wie eine Skulptur das Rathaus als eine große Turm-Gruppe auf.

Entstanden in der Blütezeit der großen Ozeanriesen, wirkt das Rathaus wie ein großes Schiff in einem grünen Meer. Das Grün formt sich zu Terrassen, und daraus wächst das Gebäude – das ist ein Ganzes, durchdrungen von einem einzigartigen Rhythmus.

Im Inneren des Rathauses läuft die Inszenierung weiter – Außen und Innen durchdringen sich. In die Loggia eingetreten, können wir uns in einer ähnlich bewegten Szenerie fühlen. Die innere große Treppe läuft nicht in der Mitte, sondern versetzt: Dadurch bleibt der weite Raum nicht in der jahrhundertelang üblichen konventionellen Ruhe, sondern gerät in vielschichtige Spannung – rasante Durchblicke, unkonventionelle schräge Blicke. Dazwischen entstehen im Flimmern der Wandbekleidung faszinierende Skulpturen und Bilder – konstruktivistisch, oft rätselhaft, auch ritualisiert. Dies alles ist – wie ein Wunder – bis auf den Ratssaal erhalten.

Jeder der vielen Teile des Rathauses ist in sich zu radikalen Charakteren ausgeformt: Steil. Ausgedehnte Flächigkeit. Einander durchdringende Kuben. Fenster in dichter Reihe. Fließende, weiße Bänder wollen nicht aufhören, wiederholen sich neben- und übereinander. Pfeiler bleiben am Boden oder steigen scheinbar endlos auf.

Darin stecken mehr Kontraste, als es je zuvor gab: Lagern gegen Aufsteigen. Kleines gegen Großes. Leere Fläche gegen filigrane Textur. Lange Bänder und kurze Elemente. Dunkle, kleinteilige Ziegel gegen helle, großformatige Steinelemente. Ausgedehntes gegen Zusammengezogenes. Eine virtuose Dramaturgie. Man kann diese Fassade wie Musik erleben: Es gibt eine Stille der Flächen, die durch leicht atmende Textur des Ziegel-Gewebes entsteht. Aber mitten darin massieren sich plötzlich leicht vorkragende, weiße Elemente, steigen schmale Pfeiler gebündelt auf – bilden eine gespannte Folge wie Harfensaiten. Daneben wachsen aus der Architektur zwei Symbolfiguren. Der Balkon tritt hervor, setzt virtuos einen Kontrast: breit – gegen die lang aufsteigenden Elemente.

Dieses atemberaubende Geschehen ist nicht mehr mit den jahrhundertelangen Begriffen wie Pfeiler und Gebälk benennbar. Die Sprache muss nach angemessenen Worten für das Neue suchen.
Roland Günter

Rathaus, 1927-1928
Backsteinornamente der Westfassade, Alt-Oberhausen

Rathaus, 1927-1928
Skulptur „Hephaistos" (Adam Antes)
an der Fassade des Ratssaaltraktes
Alt-Oberhausen

16

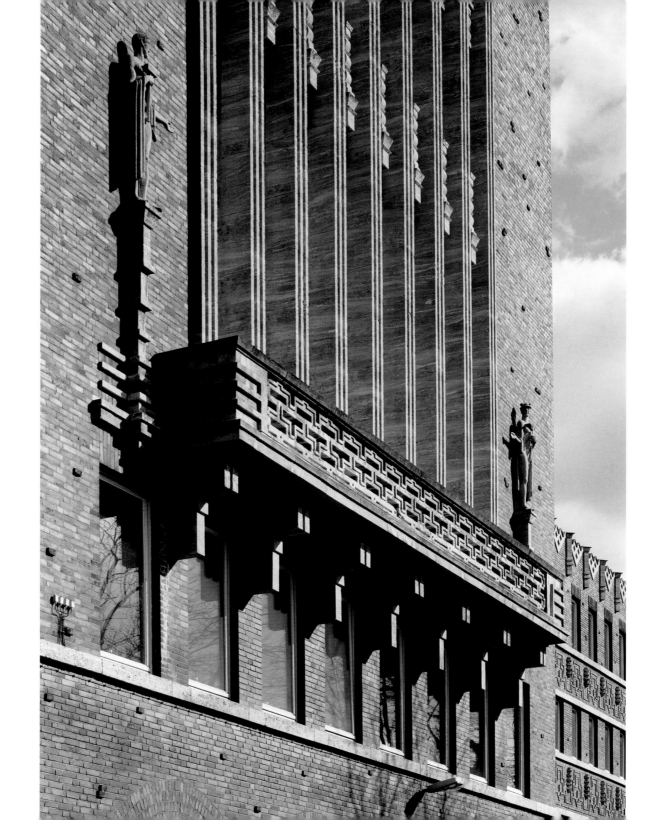

Rathaus, 1927-1928
Fassade des Ratssaaltraktes, Alt-Oberhausen

Rathaus, 1927-1928
Südportal, Alt-Oberhausen

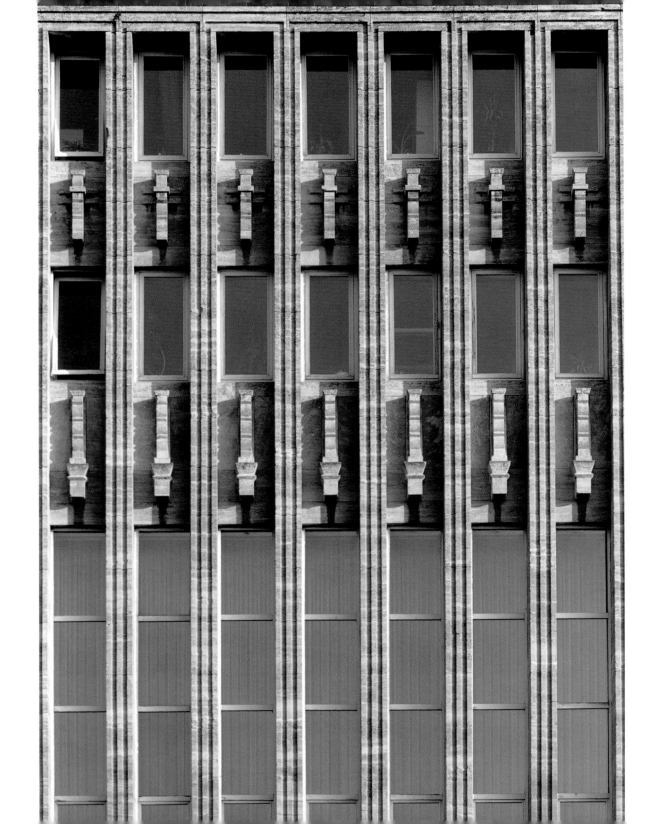

Rathaus, 1927-1928
Fenster des Ratssaals, Alt-Oberhausen

19

Rathaus, 1927-1928
Arkadenreihe der Westfassade, Alt-Oberhausen

Rathaus, 1927-1928
ehemaliger Eingang zur Stadtkasse, Alt-Oberhausen

21

Rathaus, 1927-1928
Keramikbank in der Empfangshalle, Alt-Oberhausen

Rathaus, 1927-1928, Empfangshalle
Alt-Oberhausen

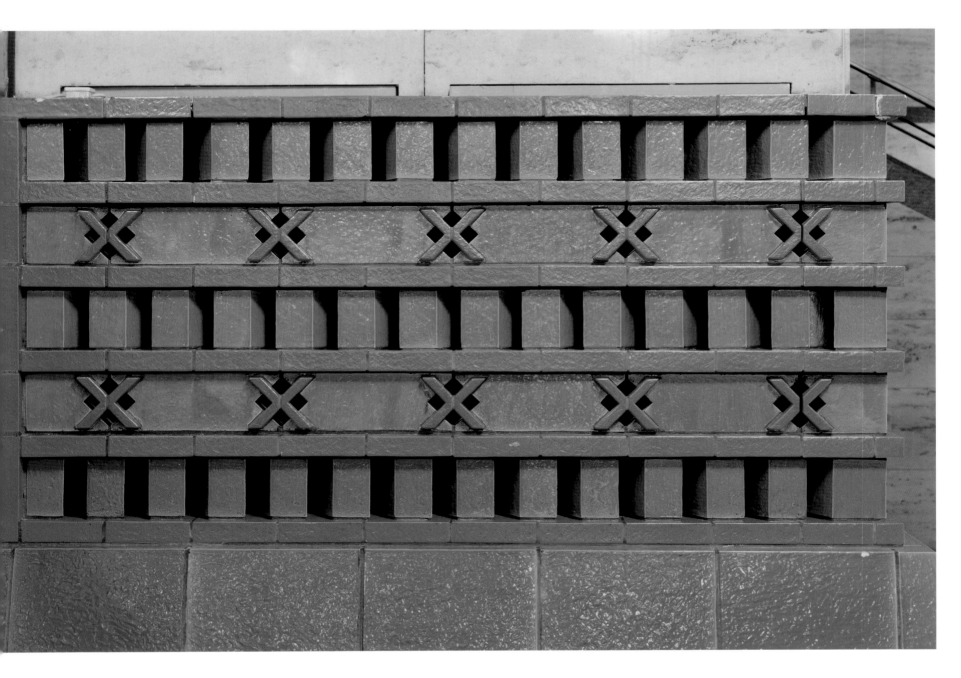

Rathaus, 1927-1928
Dekor der Keramikbank in der Empfangshalle, Alt-Oberhausen

Rathaus, 1927-1928
Dekor der Keramikbank in der Empfangshalle,
Alt-Oberhausen

Rathaus, 1927-1928
Treppenhaus im Südflügel, 1957, Alt-Oberhausen

Rathaus, 1927-1928
Treppengeländer im Nordflügel, Alt-Oberhausen

27

Rathaus, 1927-1928, Heizungsgitter, Alt-Oberhausen

Rathaus, 1927-1928
Ganggestaltung im Erdgeschoss, Alt-Oberhausen

Rathaus, 1927-1928
Treppenaufgang vom Grillo-Park zum Rathaus
Alt-Oberhausen

Rathaus, 1927-1928
Grillo-Park mit Rathausterrassen, Alt-Oberhausen

Grillopark

Einst erhob sich hier ein Hügel, auf dem weithin sichtbar zur Abschreckung der Galgen aufgestellt war. Dann holte die wild wachsende Industrie Kies aus dem Abhang – so war das Terrain einige Zeit „ein Kiesloch, in welchem nur verkrüppelte Fichten und einige Heidekräuter" wuchsen. 1854 übersiedelt die Grillo'sche Zinkwalze von Neumühl nach Oberhausen: Die Fabrik steht an der Stelle des heutigen Gesundheitsamtes. Umweltprobleme der Industrieanlage führen zu vielen Beschwerden. Ähnlich wie sein jüngerer berühmter Bruder Friedrich Grillo (1825-1888), der in Essen einen Theaterbau stiftete, ist auch Wilhelm Grillo (1819-1889) daran interessiert, in der Öffentlichkeit angesehen zu sein. Daher lässt er zum Ausgleich für die Unbill, den die Fabrik macht, östlich hinter ihr einen Park anlegen.

Am 13. Oktober 1904 beschließt die Stadtverordnetenversammlung unter Bürgermeister Wippermann in geheimer Sitzung den Ankauf des Grillo-Parks für 144.000 Mark. Der Grillo-Park ist ein „überaus teures Grundstück", es kostet mehr als das Gelände des Kaisergartens. „Der Park bietet dessen Besuchern", heißt es in einem Bericht von damals, „einen angenehmen Aufenthalt sowie durch die Anlage eines Spielplatzes den Kindern eine gern benutzte Spielgelegenheit. Dem Parke wurde die Bezeichnung ‚Stadtpark' beigelegt." Lange Zeit ist er umgittert und nachts abgeschlossen.

Seine eigentliche Bedeutung als Mittelpunkt einer der modernsten Park-Städte Europas erreicht der Park durch den Bau des neuen Rathauses. Der Grillo-Park leistet dem Stadtbaumeister Ludwig Freitag einen großartigen Dienst für eine theaterhafte Szenerie. Die Idee ist genial: eine Inszenierung von Park und Rathaus als ein Gesamtkunstwerk. Sie benutzt den Park nicht nur als Fundament für das Rathaus, sondern macht daraus eine Bühne. Erst der Park macht die vielfältige räumliche Gestalt des Rathauses möglich.

Aber diese Idee versinkt nach zwei Jahrzehnten im Vergessen. Der Park wird verselbständigt. Lange Zeit wuchert er vor sich hin, so dass der Sinn der Architektur unkenntlich wird. Erst durch die Restaurierung 2001/2003 erhält er seine Form zurück: eine Renaissance des genialen Planes – durch Restaurierung. Fehlgelaufenes zu reparieren kostet einiges, hier 300.000€. Den allergrößten Teil dafür erhält die Stadt aus dem Topf der Arbeitsbeschaffung, wie einst in den 1920er Jahren. Als der Park angelegt wurde, waren die Bäume klein – sie sahen kläglich aus. Das ist das Schicksal aller Parks: Sie brauchen ihre Zeit, bis sie erwachsen sind. Jetzt steht der Park in aller Schönheit vor uns. Das Gesamtkunstwerk ist ein bedeutendes Kapitel der Architekturgeschichte der Moderne.

Roland Günter

Grillo-Park, ca.1930, Parterre-Beet, 2003, Alt-Oberhausen

Grillo-Park, ca.1930, Alt-Oberhausen

Grillo-Park, ca.1930, Alt-Oberhausen

Grillostraße und Grillo-Park, Alt-Oberhausen

Sitz der internationalen Kurzfilmtage
ehem. Direktorenvilla der Zeche Concordia, 1897, Alt-Oberhausen

Wohnhaus des Historismus, 1901
Grillostraße 27, Alt-Oberhausen

Wohnhäuser des Historismus, 1903
Elsa-Brändström-Straße 59, Alt-Oberhausen

Wohnhaus im Jugendstil, 1907
Freiherr-vom-Stein-Straße 16, Alt-Oberhausen

Wohnhaus im Jugendstil, 1905
Elsa-Brändström-Straße 35, Architekt Börgershausen
Alt-Oberhausen

Sparkasse, 1912, Alt-Oberhausen

Sparkasse, 1912
Eingang Grillostraße, Alt-Oberhausen

Sparkasse, 1912
Deckenornament vom Eingang Grillostraße,
Alt-Oberhausen

Sparkasse, 1912, Alt-Oberhausen

Adolf Feld Schule
Städt. Gem. Grundschule, 1901-1907, Alt-Oberhausen

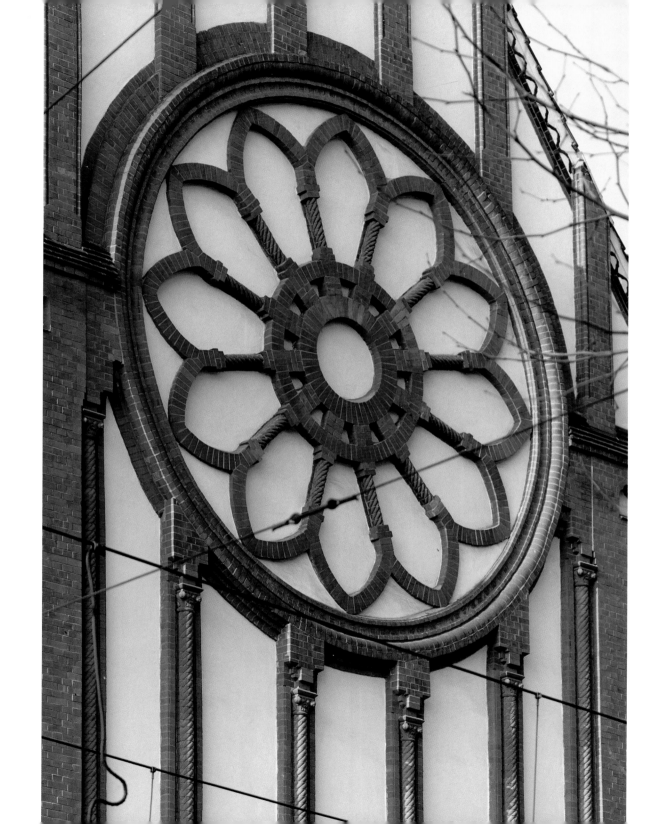

Adolf Feld Schule
Städt. Gem. Grundschule, 1901-1907
Rosette im Giebel, Alt-Oberhausen

47

Luise-Albertz-Halle, 1959-1962
Alt-Oberhausen

Park an der Luise-Albertz-Halle, Alt-Oberhausen

Amtsgericht, 1907, Alt-Oberhausen

Friedensplatz mit Amtsgericht
Alt-Oberhausen, Luftaufnahme

Friedensplatz, Westseite mit Amtsgericht, 1907, Alt-Oberhausen

Amtsgericht, 1907
Pfeiler im Eingangsbereich, Alt-Oberhausen

Das Netz der Alleen

Das arme Frankreich hatte vorgemacht, wie man mit wenig Geld seine Straßen großzügig und würdevoll gestaltet: mit Bäumen, die Alleen bilden.

Die Allee eignet sich besonders dazu, ein städtisches Gewebe herzustellen – eine Struktur der Stadt aus Natur. Die Luftbilder von Oberhausen zeigen es am besten: Die Alleen bilden geradezu Netze. Bäume kommen „in Bewegung", das Grün verzweigt sich, als Alleen geben sie dem indifferenten Raum eine Prägnanz. So entsteht eine „grüne Stadt". In dieses Netz bettet sich die Vielfalt der Parks ein. Das Netz setzt alte und neue Parks in Bezüge. Das Netz der Alleen schafft auch, was sonst keiner städtebaulichen Form gelingt: Es gestaltet Übergänge. Mit Alleen entwickelt sich der innere Bereich nach außen – wie mit Adern. Dieses Netz hat eine gewisse Kompaktheit, aber eine elastische – es atmet. Es ist Gesundheit. Es vermittelt zwischen der alten Natur der Landschaft und der gleichbleibenden Natur des Menschen und der Industrie. In einer Landschaft, in der immer mehr Gegensätze entstehen, wirkt es versöhnlich. Auf die Werte dieses Grüns können sich auch die sehr unterschiedlichen Weltanschauungen einigen. Natur in der Stadt heißt deshalb in Oberhausen vor allem Alleen.

Die Alleen sind in Oberhausen bis heute erhalten und strukturierend: eine kultivierende Gestalt-Bildung von Straßen und Plätzen durch Bäume – das billigste Mittel in der Zeit armer städtischer Kassen. Die Verwaltung lässt das Terrain gezielt und geschickt seit der Gründerzeit mit Alleen durchsetzen. Der erste Bürgermeister Friedrich August Schwartz initiiert die „Bepflanzung der städtischen Straßen mit Alleebäumen" – zunächst vor allem in den bürgerlichen Vierteln. 1899 besitzt die Stadt 19,6 km Alleen. Systematisch wird um 1900 das Rathausviertel umgewandelt: zu einem Park-Viertel (Danziger-, Grillo-, Ebertstaße). Im Anschluss entstehen Alleen in der nördlichen Gewerkschaftsstraße und in der Düppelstraße, dann hinter der Industrie nördlich des Bahnhofs (Altenberg und Rhenania) im Bereich Gustavstraße/Buschhauser Straße prächtige Platanen-Alleen.

Das Netz der Alleen beschränkt sich nicht auf die Innenstadt. Es ist ein Programm für die gesamte Stadt. Vor allem die sich von der Innenstadt verzweigenden Alleen tragen den Gedanken der Parkstadt nach außen bis Sterkrade und Osterfeld.

Roland Günter

Polizeipräsidium, 1924-1926, Alt-Oberhausen

Polizeipräsidium, 1924-1926
Haupteingang, Alt-Oberhausen

Polizeipräsidium, 1924-1926, Eingangshalle, Alt-Oberhausen

Polizeipräsidium, 1924-1926
Deckenornament im ersten Obergeschoss
Alt-Oberhausen

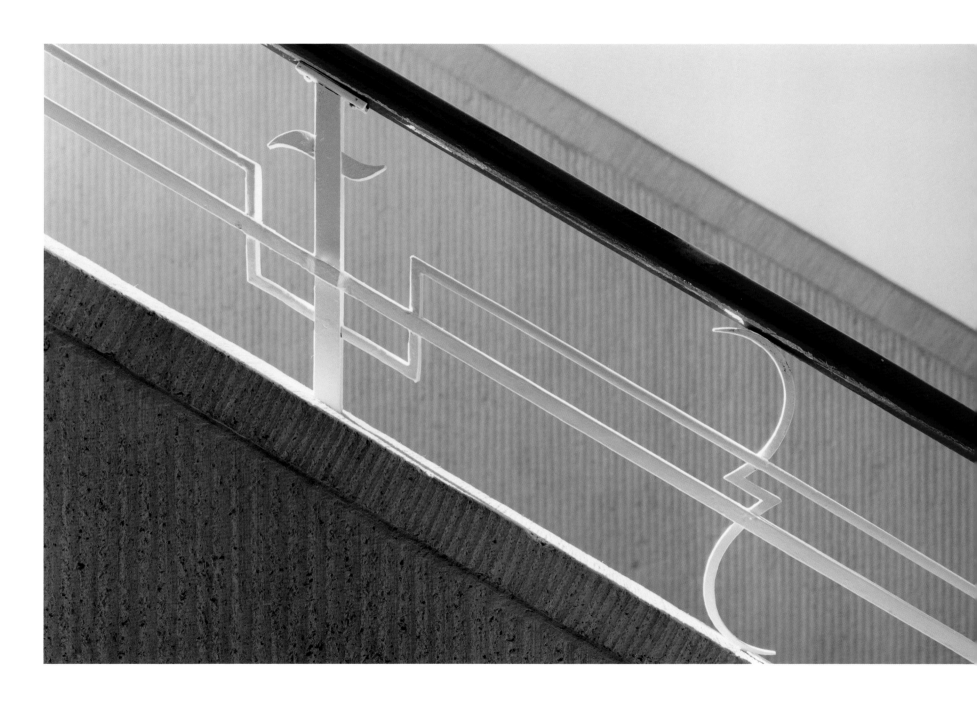

Polizeipräsidium, 1924-1926, Treppengeländer, Alt-Oberhausen

Polizeipräsidium, 1924-1926, Innenansicht, Alt-Oberhausen

Polizeipräsidium, 1924-1926
Innenansicht, Detail, Alt-Oberhausen

Saporoshje-Platz, Alt-Oberhausen

*Bert-Brecht-Haus, ehem. Warenhaus Tietz und
Redaktionsgebäude der „Ruhrwacht", 1925/1928
Alt-Oberhausen*

Bert-Brecht-Haus, ehem. Warenhaus Tietz, 1925/28
Giebelfront, Alt-Oberhausen

Bert-Brecht-Haus, ehem. Verlagsgebäude der „Ruhrwacht", 1925/1928
Detail der Fassade an der Langemarkstraße, Alt-Oberhausen

Forum, ehem. Modehaus Mensing, 1950-1952
Alt-Oberhausen

Kaufhaus Peek & Cloppenburg,
ehem. Kaufhaus Rüttgers,
später Zentral-Kaufhaus Hans Magis, 1912-1928
Alt-Oberhausen

Elsässer Straße, Alt-Oberhausen

Altmarkt, Siegessäule, 1876, Alt-Oberhausen

Rheinisches Industriemuseum
ehem. Zinkfabrik Altenberg, 1854-1855, Alt-Oberhausen

Rheinisches Industriemuseum
ehem. Zinkfabrik Altenberg, 1854-1855, Alt-Oberhausen

Rheinisches Industriemuseum
ehem. Zinkfabrik Altenberg, 1854-1855, Alt-Oberhausen

Rheinisches Industriemuseum
ehem. Zinkfabrik Altenberg, 1854-1855, Alt-Oberhausen

Hauptbahnhof, 1929-1934, Alt-Oberhausen

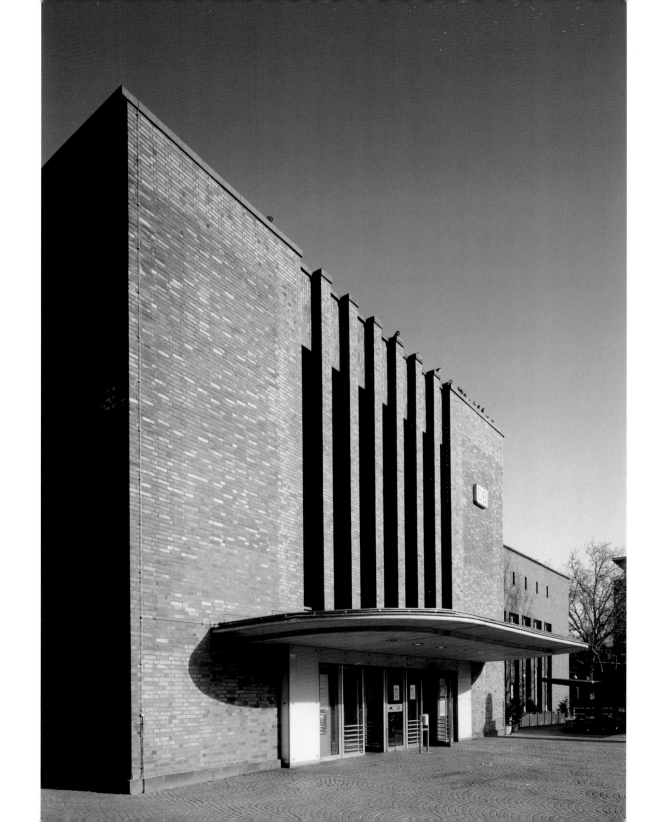

Hauptbahnhof, 1929-1934
Haupteingang, Alt-Oberhausen

Hauptbahnhof, 1929-1934
Glasfenster, 50er Jahre, Alt-Oberhausen

Hauptbahnhof, 1929-1934
Eingangshalle nach der Restaurierung 1996-1999, Alt-Oberhausen

Mut im Wandel

Die Stadt Oberhausen ist buchstäblich aus dem Nichts entstanden. Für die erste deutsche Überland-Eisenbahn, von Köln nach Minden, entsteht 1844 im ärmsten Gebiet, in der ödesten Heide, ein Bahnhof. Das ist die Initialzündung für ein wildes industrielles Wachstum. Dieser Hauptbahnhof fällt wie ein Meteor in die Landschaft. Er beansprucht von vornherein ein riesiges Gelände.

Mehrere Anläufe, ein Zentrum zu realisieren, scheitern. Immer wird auf verkommenem Boden gebaut: Um 1900 geht ein großes Eisenwerk in Konkurs: die Styrumer Eisenindustrie. Auf dem Zusammenbruch, buchstäblich auf der Brache, wird ein Behördenviertel angelegt. 80 Jahre später entsteht in einiger Entfernung auf dem stillgelegten Industriegelände der Firma Thyssen die „Neue Mitte" mit dem CentrO. Die schwierigen Bedingungen der Industriestadt fördern also einen ganz anderen als den herkömmlichen Stadttyp: den dezentralen mit mehreren Kernen. Das alles ist ungewöhnlich, treibt aber bis heute die Entwicklung der Stadt beständig voran: Not, Niedergang, Wandel, Improvisation, äußerste Knappheit der Mittel, Arbeitsbeschaffung als Herausforderung, als Ermutigung zur Transformation. Dieser Kreislauf von Entstehen und Vergehen prägt die Dynamik dieser Stadt. Niedergang wird auch als Chance auf Veränderung begriffen. Das Paradox: Verkommener Boden wandelt sich zu kostbarem Boden, weil auf ihm gut angelegt und modern gebaut wird. Auf dem schmutzigen, scheinbar ausgenutzten Grund der verlassenen Industrien entstehen Parks. Aus einem Industrie-Wildwest entfaltet sich eine Park-Stadt. Darin sind stolze Monumente der modernen Infrastruktur eingebettet, die die moderne Stadt schafft: Stadtsparkasse, Höhere Schulen, Rathaus, Theater, Berufsschulen, Gesundheitsamt u.a. Der Motor für diese Stadtentwicklung ist die Fähigkeit zu produktivem Strukturwandel – als sinnreiche Transformation. Aus Rück-Bildungen werden Vorwärts-Bildungen.

Diese produktive Atmosphäre zieht schöpferische Kräfte an. Die neuere Geschichte der Baukultur Oberhausens beginnt schon in den 80er Jahren des 19. Jahrhunderts, aber erst mit dem Bau der Sparkasse am Grillopark 1911 durch den Darmstädter Architekten Friedrich Pützer ergreift die architektonische Moderne das Bauen in dieser Stadt. Pützer bringt seinen jungen Mitarbeiter Ludwig Freitag mit, der dann jahrzehntelang als Stadtbaumeister das backsteinexpressionistische Erscheinungsbild Oberhausens als Parkstadt prägt: Dies geschieht nicht nur durch seine eigenen Entwürfe, sondern auch, weil er die besten Kräfte der Darmstädter und Berliner Architekturschulen fördert, ihre Ideen in Oberhausen zu verwirklichen.

Roland Günter

Schwartzstraße und Willy-Brandt-Platz, Alt-Oberhausen

Schwartzstraße, Alt-Oberhausen

Haus Ruhrland, ehem. Hotel Ruhrland, 1931, Alt-Oberhausen

Ehemaliges Arbeitsamt, 1929, Alt-Oberhausen

Ehemaliges Arbeitsamt, 1929
Alt-Oberhausen

Ehemaliges Arbeitsamt, 1929,
Gang im 1.Obergeschoss, Alt-Oberhausen

Ehemaliges Arbeitsamt, 1929
Ecke Düppelstraße, Alt-Oberhausen

Wohnhaus im Bauhausstil, Blücherstraße 59
nach 1925, Alt-Oberhausen

Wohnhaus im Bauhausstil
Alsenstraße 63, um 1925, Alt-Oberhausen

Rolandschule
Städt. Gem. Grundschule, 1930, Alt-Oberhausen

Theater, 1938/1949, Alt-Oberhausen

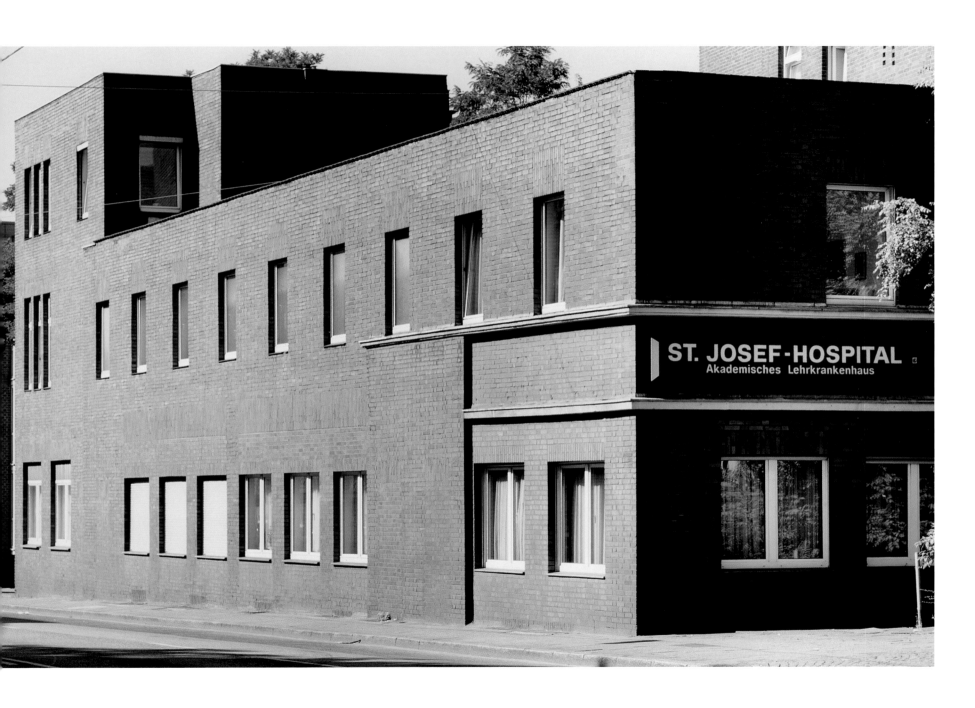

St. Josef-Hospital, 1926/1927, Alt-Oberhausen

St. Josef-Hospital, 1926/1927
Detail des Treppenhauses im Erdgeschoss, Alt-Oberhausen

St. Josef-Hospital, 1926/1927
Südfenster im Treppenhaus, Alt-Oberhausen

St. Josef Hospital, 1926/1927
Detail des Verwaltungsgebäudes, Alt-Oberhausen

Wohnhäuser der klassischen Moderne, 1927
Grenzstraße 136-138, Alt-Oberhausen

Wohnhaus der klassischen Moderne
Eingang Grenzstraße 136, Alt-Oberhausen

Garteninnenhof
Freiherr-vom-Stein-Straße, Alt-Oberhausen

Wohnhaus, 1939
Architekt Otto Schmidt (Duisburg)
Freiherr-vom-Stein-Straße 6, Alt-Oberhausen

Kirche St. Michael, 1920-1922, Alt-Oberhausen

Kirche St. Michael, 1920-1922
Süd-östliche Vorhalle
Alt-Oberhausen

Kirche St. Michael, 1920-1922
Vorhalle der Südfassade, Galerie,
Alt-Oberhausen

Kirche St. Michael, 1920-1922
Pfeiler, Alt-Oberhausen

Der Ziegel

Der Ziegel aus Lehm – das älteste Baumaterial der Menschheit. In der Industrieepoche wird seine Herstellung rationalisiert: Erschwinglich kann er in großer Menge genutzt werden. In den 1920er Jahren steht der Ziegel als bildsames Material zur Verfügung: für die hoch aufschießenden Phantasien dieser Zeit, oft Expressionismus genannt. Aus dem Ziegel lassen sich Bauwerke wie mit Bildhauerkunst fertigen.

Die Zwischenkriegszeit ist charakterisiert von paradoxen Bewegungen: von Vorstellungen der Angst im Abstieg und Euphorien im Aufstieg, des Neubeginns, anderer Lebensweisen und Ordnungen. Dies schafft eine tiefgreifende Unruhe des Unbewussten, der Gedanken und der Gestalten – eine aberwitzige Dynamik.

Darin steckt als innere Textur der Rhythmus: Wie in der Musik und in anderen Künsten sind die Bauten von Ludwig Freitag außen und innen virtuose Rhythmik. Das Baumaterial, das am besten in der Lage ist, diese Rhythmen auszudrücken, ist der kleinteilige Ziegel: Er funktioniert geradezu wie Achtelnoten in der Musik.

So ist das historisch befrachtete Baumaterial des Ziegels zugleich die Sprache der Moderne: Der Ziegel ist zum musikalischen Willen geworden – zum Rhythmus.   **Roland Günter**

„Wie vernünftig ist diese kleine, handliche Form, so nützlich für jeden Zweck. Welche Logik im Verband der Ziegel, in Muster und Textur. Welcher Reichtum in der einfachen Mauerfläche; aber wieviel Disziplin verlangt dieses Material."
                    Mies van der Rohe, 1925

Kirche St. Michael, 1920-1922
Hauptportal, Alt-Oberhausen

Kirche St. Michael, 1920-1922
Detail des Glasfensters an der Westseite, Alt-Oberhausen

Kirche St. Michael, 1920-1922
Glasfenster an der Westseite
Alt-Oberhausen

Ausstellungshalle Gasometer Oberhausen
ehem. Gasbehälter, 1927-1929
Oberhausen-Neue Mitte

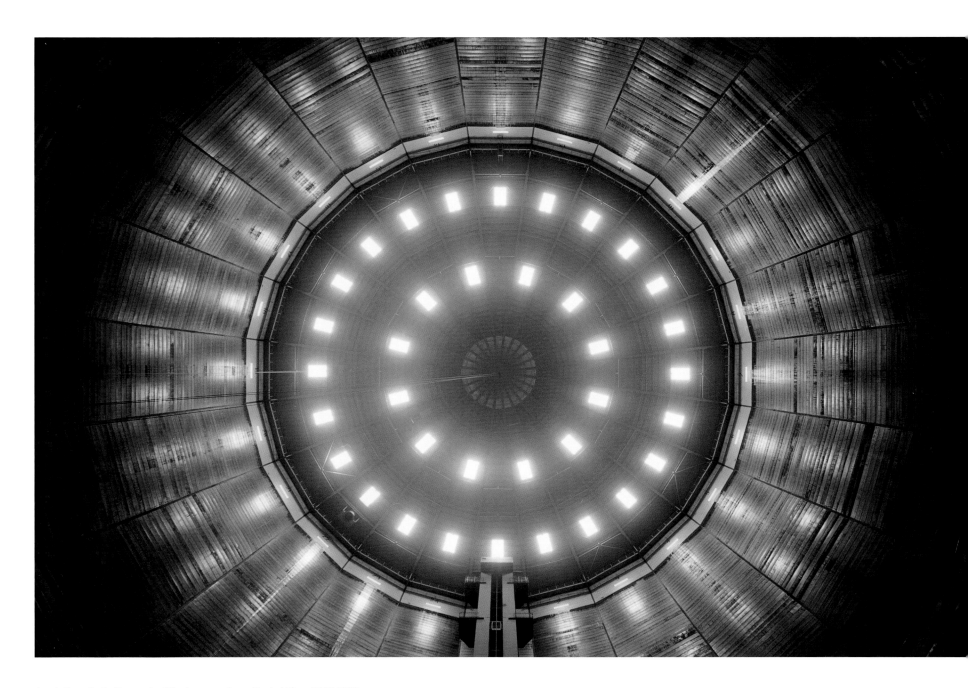

Ausstellungshalle Gasometer Oberhausen, ehem. Gasbehälter, 1927-1929
Dach, Oberhausen-Neue Mitte

Ausstellungshalle Gasometer Oberhausen, ehem. Gasbehälter, 1927-1929
Innenansicht ,Oberhausen-Neue Mitte

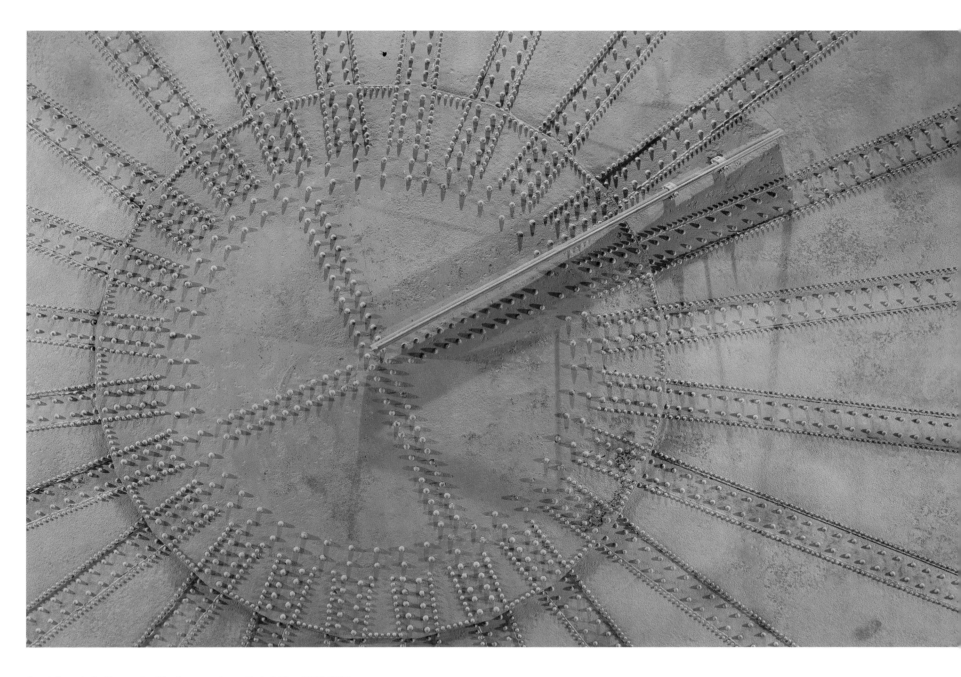

Ausstellungshalle Gasometer Oberhausen, ehem. Gasbehälter, 1927-1929
Scheibenboden, Oberhausen-Neue Mitte

Neue Mitte

Die Renaissance der Park-Stadt Oberhausen, wie sie mit der Wiederherstellung des Grillo-Parks begann, macht nicht nur erlebbar, dass diese Stadt über eines der bedeutendsten Ensembles der modernen Architektur des 20. Jahrhunderts verfügt, sondern weist in ihrem Blick zurück zugleich weit in die Zukunft. Ist doch die Park-Stadt damals von Oberbürgermeister Otto Havenstein und dem Stadtbaumeister Ludwig Freitag vor allem mit dem Ziel entwickelt worden, einen „gesunden Stadtkörper" zu schaffen. Der technische Beigeordnete Eduard Jüngerich bringt diesen Prozess 1925 auf den Punkt: „Das in Zeiten überstürzten Wachstums, aus mangelnder Erkenntnis und lauem Können Verabsäumte ist planmäßig und zielbewusst nachzuholen. Gerade das verhältnismäßig noch reichlich vorhandene Freiland kann und muss dazu dienen, einen gesunden Stadtkörper zu gestalten, seinem Organismus die markigen Verkehrsadern, die kraftvollen Lungen – ein Netz ausstrahlender Grünflächen – zu schaffen. Und schön gestaltet muss dieser Körper werden, aus Ungefügem, Ungelenkem muss rhythmisches Ebenmaß entstehen ... Viel bleibt noch zu tun für Oberhausens städtebauliche Vollendung."

Auf Gesundheit als einen der höchsten Werte ist die Park-Stadt der 1920er Jahre gerichtet und erweist sich dadurch als eine der wichtigsten Erbschaften, die sie in die Zukunftsgestaltung der Stadt heute einbringen kann. Denn mit dem Projekt O.Vision, das in den nächsten Jahren in der „Neuen Mitte" auf dem Gelände des ehemaligen Stahlwerks Thyssen entstehen soll, will sich Oberhausen – weit über seine Stadt hinausweisend - dem Thema Gesundheit verschreiben: Eine Kathedrale und ein Marktplatz für die Dienstleistung an der Gesundheit des Menschen soll O.Vision werden.

Oberhausen als Industriestadt: gewidmet der Gesundheit: Das ist die lange Geschichte, die um 1880 mit den Baum-Alleen beginnt und im Kaisergarten um die Jahrhundertwende einen ersten Glanzpunkt erhält. In den 1920er Jahren dann ihr Höhepunkt: Das Grün der Kette der Parks und das Rot des Backsteins der Solitärbauten durchdringen sich im Zentrum der Stadt zur Park-Stadt.

Das geschah einst und erfolgt heute in Krisenzeiten auf ausgenutzten Geländen. Um die Jahrhundertwende auf dem Terrain der verfallenen Styrumer Eisenindustrie – heute Friedensplatz – und nun auf dem Gelände der verfallenen Eisenproduktion von Thyssen – der „Neuen Mitte". Die Triebkraft der Gestaltung heißt stets Transformation.   ***Roland Günter***

Blick vom Gasometer auf das CentrO, 1994-1996
Oberhausen-Neue Mitte

CentrO, 1994-1996
Westeingang, Oberhausen-Neue Mitte

CentrO, 1994-1996
Haltestelle ÖPNV, Oberhausen-Neue Mitte

113

CentrO, 1994-1996
Obergeschoss, Oberhausen-Neue Mitte

CentrO, 1994-1996
Glaskuppel, Oberhausen-Neue Mitte

CentrO Park und Gasometer
Oberhausen-Neue Mitte

CentrO-Park, 2001
Oberhausen-Neue Mitte

*Blick vom Wasserturm auf das Technologiezentrum Umweltschutz (TZU)
und die Neue Mitte*

Zentraldepot des Rheinischen Industriemuseums
ehem. Hauptlagerhaus der Gutehoffnungshütte, 1921-1925
Architekt Peter Behrens, Westfassade mit Treppenturm
Oberhausen-Neue Mitte

Zentraldepot des Rheinischen Industriemuseums
ehem. Hauptlagerhaus der Gutehoffnungshütte, 1921-1925, Architekt Peter Behrens
Oberhausen-Neue Mitte

Zentraldepot des Rheinischen Industriemuseums
ehem. Hauptlagerhaus der Gutehoffnungshütte mit Verwaltungstrakt
1921-1925, Architekt Peter Behrens, Oberhausen-Neue Mitte

Ehemaliger Wasserturm der Gutehoffnungshütte, 1897
Oberhausen-Neue Mitte

Fußgängerbrücke über die Mülheimer Straße und TZU, 1997
Oberhausen-Neue Mitte

Technologiezentrum Umweltschutz (TZU)
ehem. Werksgasthaus der Gutehoffnungshütte, 1913-1917
Oberhausen-Neue Mitte

Technologiezentrum Umweltschutz (TZU)
ehem. Werksgasthaus der Gutehoffnungshütte, 1913-1917
Südfassade, Oberhausen-Neue Mitte

125

Technologiezentrum Umweltschutz (TZU)
ehem. Werksgasthaus der Gutehoffnungshütte, 1913-1917
Treppenhaus , Oberhausen-Neue Mitte

Technologiezentrum Umweltschutz (TZU)
ehem. Werksgasthaus der Gutehoffnungshütte, 1913-1917, Eingangshalle
Oberhausen-Neue Mitte

*Kaisergarten mit
Ludwig Galerie Schloss Oberhausen
und Gasometer, Luftaufnahme*

Kaisergarten, 1897
Eingang an der Konrad-Adenauer-Allee

Ludwig Galerie Schloss Oberhausen
ehem. Schloss Oberhausen, 1804-1818/1958-1960/1998

Kaisergarten, 1897

Ludwig Galerie Schloss Oberhausen
ehem. Schloss Oberhausen, 1804-1818/ 1958-1960/ 1997-1998

Ludwig Galerie Schloss Oberhausen
ehem. Schloss Oberhausen, 1804-1818/ 1958-1960/ 1997-1998

Im Park leben

Blicken wir im Park in die Runde, dann sehen wir: In den Park sind Häuser eingestellt. Wie kommt jemand dazu, im Park leben zu wollen? Bis dahin gingen die Menschen in den Park, der in einiger Entfernung lag. Aber sie kamen nicht auf den Gedanken, darin ihr Wohnhaus zu errichten. Und wie kam man auf die Idee, den Kern einer Stadt – Bahnhof, Rathaus, Gericht, Schulen und Arbeitsamt – als Park zu konstruieren? Das wagte nicht einmal der Großherzog von Baden, als er Karlsruhe gründete. Er legte sein Schloss als Verbindung zwischen Park und Stadt an.

Nun aber ist die Stadt selbst ein Park – das war die Intention der Stadtentwicklung der 1920er Jahre. Und es sind nicht nur die Wohlhabenden in dieser Stadt, die im Park leben wollen, sondern auch die Kleinbürger sowie die Berg- und Stahlarbeiter. Je mehr Lebensqualitäten Menschen einfordern können, desto stärker wünschen sich die Menschen der Industriestädte den Park als Ambiente ihres Lebens.

Der Park ist in der von der Industrie bestimmten Welt Ausgleich für die verloren gegangene Natur. Parks in jeder Form, vom englischen Landschaftspark bis zu den Minigärten in den Wohnsiedlungen, sind Sehnsuchtsräume. So entwickeln sich auch in Oberhausen nahezu alle Typen von Parks.

Am auffälligsten ist der Kaisergarten: ein Park in einer Konzeption, die in England entwickelt wurde – geradezu ein Universum, das durch seine Inszenierung mit labyrinthischen Wegen und verschiedenen Baum-Charakteren ein Wechselbad von ganz unterschiedlichen Wunschvorstellungen ist. Dagegen sind die vielen „Schmuck-Plätze" Miniaturisierungen von Parks der absolutistischen Schlösser. Sie haben eine strenge Ordnung und genau komponierte Blumenrabatten. Diesen Typ des Parks finden wir in vielen Villen der Industriemanager. Für die Leitenden der Gutehoffnungshütte arbeiteten in der Manager-Siedlung Grafenbusch eigens Firmengärtner. Andere freistehende Einfamilienhäuser der oberen Mittelschicht verstehen sich als Villa im Park. Als Park sind auch Arbeitersiedlungen wie Eisenheim angelegt. Dass in der wilden Industrialisierung der Region ausgerechnet das Wohnen der „armen Leute" städtebaulichen Wert erhält, verdanken wir der Tatsache, dass hier architektonisch den Bedürfnissen dieser Menschen Gestalt gegeben wird.

Zu den genannten Parks kommen weitere. In den Straßen-Gevierten des frühen Geschäftsviertels um den Altmarkt wirkt jeder Hof wie ein Park. Selbst wo eine solche Fläche für den banalsten Nutzen bestimmt ist, schleicht sich der Park-Gedanke ein: Für Bäume, die den Luftraum füllen, gibt es immer Platz – absichtsvoll gepflanzt oder aus verwehtem Samen ungeplant entstanden.

Roland Günter

Siedlung Grafenbusch, 1910-1923
Oberhausen-Neue Mitte

Siedlung Grafenbusch, 1910-1923
Am Grafenbusch 28/30 , Oberhausen-Neue Mitte

Siedlung Grafenbusch, 1910-1923
Am Grafenbusch 5 und 7 , Oberhausen-Neue Mitte

Siedlung Eisenheim, 1846-1903
Mauerwerksdetail, Oberhausen-Eisenheim

Siedlung Eisenheim, Höfe an der Berliner Straße
1846-1903 Oberhausen-Eisenheim

Siedlung Eisenheim 1846-1903
Höfe an der Wesselkampstraße
Oberhausen-Eisenheim

Siedlung Eisenheim, 1846-1903
Gärten zwischen Berliner Straße und Eisenheimer Straße
Oberhausen-Eisenheim

Volkspark Sterkrade, nach 1906
Wilhelmstraße, Oberhausen-Sterkrade

Polizeigebäude, 1927
Oberhausen-Sterkrade

Polizeigebäude, 1927, Treppenhausfenster,
Oberhausen-Sterkrade

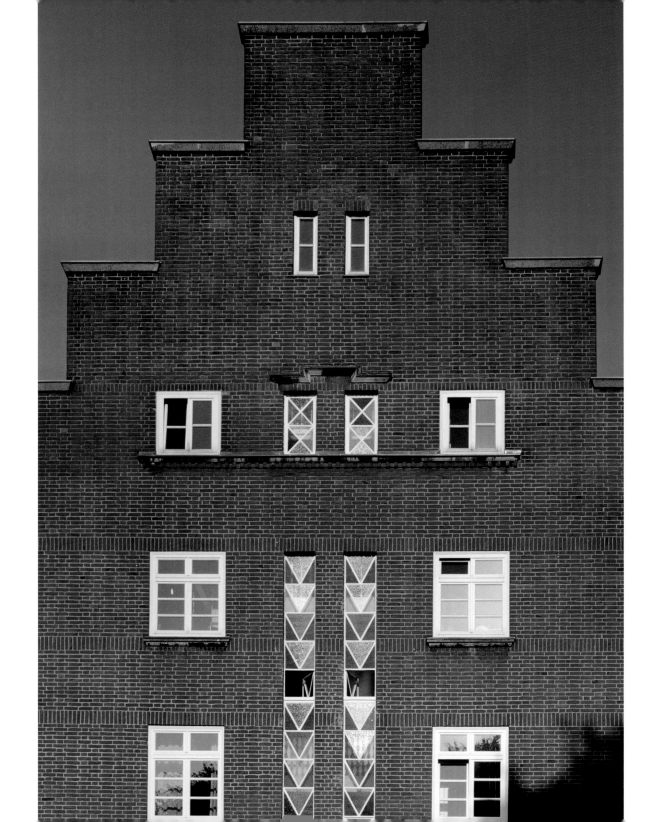

Polizeigebäude, 1927, Westgiebel
Oberhausen-Sterkrade

Öko-Kathedrale

In den 1980er Jahren bricht die große und alles weithin beherrschende Montanindustrie in Oberhausen und in anderen Emscher-Städten weitgehend zusammen. Ihre riesige Agglomeration in der geografischen Mitte der Großstadt wird stillgelegt. Die Politik hofft einige Zeit lang auf Nachfolge: Ein ebenso gewaltiger Investor möge kommen. Aber niemand ist in Sicht. In dieser Vergeblichkeit entwickeln Planungsdezernent Hans Otto Schulte und Stadtplaner Dieter Blase ein Konzept für die Kultivierung der weiten Industriebrachen. Ihr Stadtentwicklungsplan 1986 zielt auf die „Umstufung von Grau nach Grün als ökologische Flächen-Politik". Er sieht Brachen als Chance an. Wenn schon keine Industrie kommt, machen wir aus der Industriebrache eine „grüne Mitte". Und er entwirft eine poetische Zukunftsvision: die Stadt als eine „Öko-Kathedrale".

Das erste Projekt ist der kulturelle Öko-Pfad am südlichen Ufer des Rhein-Herne-Kanals – vom Schloss, am Gasometer vorbei, bis zur Osterfelder Straße. Arbeitslose und Künstler schaffen Kunstobjekte: „Nachdenk-Zeichen". Die mittelfristige Rechnung lautet: Wenn es wieder eine ordentliche Umwelt gibt, werden sich unter den besseren Bedingungen neue Investoren niederlassen. Die Öko-Kathedrale selbst kommt nicht hoch. Aber die Idee wird eine der Wurzeln für den Landschaftspark, den die Internationale Bauausstellung Emscher Park 1989/1999 längs durch das ganze Ruhrgebiet anlegt und den sie durch das Stichwort „Arbeiten im Park" anreichert.

Die gesamte Region, 70 Kilometer entlang der Emscher, soll zu einem einheitlichen Lebensraum verknüpft werden. Die Perspektive: Der Emscher Park wird Wohnen und Arbeiten wieder in einem Landschaftsraum vereinigen. Karl Ganser führt von 1989 bis 1999 Regie, und endlich arbeiten Städteplaner, Landschaftsgestalter, Architekten, Denkmalpfleger und Künstler wieder schöpferisch miteinander, um Lösungen zu finden, die Mensch, Industrie und Natur miteinander versöhnen. Brachen und alte Industriegebäude werden durch Transformation wieder kostbarer Boden und künstlich geschüttete Halden zu Aussichtsplattformen, die von diesen einst verbotenen Bergen einen weiten Blick ins Tal ermöglichen. Dort unten im Emschertal findet in den nächsten 30 Jahren eines der anspruchvollsten Projekte statt. Die Emscher, die jahrzehntelang als Kloake das Emschertal teilte, wird von der Emschergenossenschaft renaturiert: damit dieser Flusslauf zukünftig mit Baumalleen, Fahrrad- und Wanderwegen die Städte und die fünf Grünzüge des Ruhrgebietes verbinden kann. ***Roland Günter***

Blick vom Gasometer auf die
Neuen Gärten Oberhausen, OLGA, 1999
ehem. Zeche (1873-1879) und Kokerei (1893) Osterfeld
Oberhausen-Osterfeld

Fußgängerbrücke über den Rhein-Herne-Kanal bei Haus Ripshorst
1997, Architekt Jörg Schlaich
Oberhausen-Neue Mitte

Gehölzgarten Ripshorst, 1999, Ripshorster Straße
Landschaftsarchitekten Irene Lohaus und Martin Diekmann
Eingang an der Osterfelder Straße, Oberhausen-Neue Mitte

Ehem. Zeche und Kokerei Osterfeld
Detail vom Torhaus, 1912, Oberhausen-Osterfeld

Ehem. Zeche und Kokerei Osterfeld, Torhaus, 1912
Oberhausen-Osterfeld

Neue Gärten Oberhausen, OLGA, 1999
Blickachse zum Gasometer
Oberhausen-Osterfeld

Neue Gärten Oberhausen, OLGA, Baumharfe,1999
Oberhausen-Osterfeld

Neue Gärten Oberhausen, OLGA, 1999
Oberhausen-Osterfeld

Emscher und Rhein-Herne-Kanal
von der Güterbahnbrücke Oberhausen-Osterfeld

Panorama der Hüttenwerke Oberhausen AG, 1951 (Ausschnitt)

Diese Stadt atmet

ROLAND GÜNTER

Die Bilder dieses Buches und der Ausstellung enthüllen ein Konzept der Stadtentwicklung, das niemand von einer Industriestadt erwartet. In einem Meer von Bäumen stehen Verwaltungs- und Wohnhäuser - und mitten in dem Grün wächst als Höhepunkt, wie eine Skulptur, das Rathaus als eine große Turm-Gruppe auf.

Wir haben hier das städtebauliche Phänomen der 1920er Jahre vor Augen – dieser bewegenden Umbruchzeit, die in ihrem Strukturwandel nicht weniger gewaltig und chancenreich war als der Strukturwandel heute. Der Kern dieses Stadtentwicklungsgeschehens: Kontraste, das Aufeinanderprallen von Gegensätzen als Prinzip für architektonische Gestaltung – überraschende Spannungen zwischen Gebäudekomplexen und Grünanlagen. Da ist alles extrem: die Bauten, aber auch das Grün. Architektur will nicht nur der Funktion folgen, sondern Ausdruck der Dynamik des Lebens sein. Architektur gestaltet diese wie Musik, sie drückt Gefühle aus und setzt sie in ihren Dissonanzen zu einer Dramaturgie zusammen. Dieses Zeitalter ist hochexplosiv – das wird in Oberhausen sichtbar.

Das Grün ist extrem: Ausgerechnet in dieser Stadt mit ihren wilden industriellen Bewegungen von mehr als einem halben Jahrhundert erscheint es als radikaler Gegensatz zur Agglomeration von rasch hochgezogenen Bauten.

Auch das „neue Bauen" ist extrem: In dieser Stadt, die fast keine Architekturtradition vorzuweisen hatte, die in der Nähe alter rheinischer Baukultur als eine Art Wild-West galt, findet in diesen Jahren eine Bautätigkeit statt, die – wie die neue Musik – in kontrastreicher Gestaltung nach einem Rhythmus sucht, der Architektur und Natur zu einem dynamischen Ganzen verbindet.

Rathaus und Park

Der wichtigste Bau in der Park-Stadt ist das 1930 vom Stadtbaumeister Ludwig Freitag gebaute Rathaus: Entstanden in der Blütezeit der großen Ozeanriesen wirkt es wie ein großes Schiff in einem grünen Meer. Organisch gestaltet sich der Park zu Terrassen, aus ihnen wächst das Rathaus, ausgreifend wie der Park breitet es sich weit aus. Man muss, ähnlich wie im Park, auch im Rathaus umhergehen, um – mit allen Sinnen – zu erfassen, was wir da für eine dramatische Inszenierung vor Augen haben. Im Gegensatz zu herkömmlicher Architektur beginnt dieses dramatische Geschehen nicht mit dem Bau, sondern mit dem Park. Das Grün formt sich zu Terrassen und daraus wächst das Gebäude – das ist ein Ganzes, durchdrungen von einem einzigartigen Rhythmus.

Im Inneren des Rathauses läuft die Inszenierung weiter – Außen und Innen durchdringen sich. In die Loggia eingetreten, können wir uns in einer ähnlich bewegten Szenerie fühlen. Die innere große Treppe läuft nicht in der Mitte, sondern versetzt: Dadurch bleibt der weite Raum nicht in der jahrhundertelang üblichen konventionellen Ruhe, sondern gerät in vielschichtige Spannung – rasante Durchblicke, unkonventionelle schräge Blicke. Dazwischen entstehen im Flimmern der Wandbekleidung faszinierende Skulpturen und Bilder – konstruktivistisch, oft rätselhaft, auch ritualisiert. Dies alles ist – wie ein Wunder - bis auf den Ratssaal erhalten.

Solch spannungsvolle Dramaturgie hatte zuvor schon das von Walter Gropius in Weimar 1925 gebaute Bauhaus. Aber das Rathaus von Oberhausen, das Ludwig Freitag baut, hat eine andere Sprachform. Sie wird mit dem semantisch unscharfen Wort ‚expressionistisch' bezeichnet.

Das Bauwerk

Jeder der vielen Teile des Rathauses ist in sich zu radikalen Charakteren ausgeformt: Steil. Ausgedehnte Flächigkeit. Einander durchdringende Kuben. Fenster in dichter Reihe. Fließende, weiße Bänder wollen nicht aufhören, wiederholen sich neben- und übereinander. Pfeiler bleiben am Boden oder steigen scheinbar endlos auf.

Darin stecken mehr Kontraste, als es je zuvor gab: Lagern gegen Aufsteigen. Kleines gegen Großes. Leere Fläche gegen filigrane Textur. Lange Bänder und kurze Elemente. Dunkle, kleinteilige Ziegel gegen helle, großformatige Steinelemente. Ausgedehntes gegen Zusammengezogenes. Eine virtuose Dramaturgie. Man kann diese Fassade wie Musik erleben: Es gibt eine Stille der Flächen, die durch leicht atmende Textur des Ziegelgewebes entsteht. Aber mitten darin massieren sich plötzlich leicht vorkragende, weiße Elemente, steigen schmale Pfeiler gebündelt auf – bilden eine gespannte Folge wie Harfensaiten. Daneben wachsen aus der Architektur zwei Symbolfiguren. Der Balkon tritt hervor, setzt virtuos einen Kontrast: breit – gegen die lang aufsteigenden Elemente.

Dieses atemberaubende Geschehen ist nicht mehr mit den jahrhundertelangen Begriffen wie Pfeiler und Ge-

bälk benennbar. Die Sprache muss nach angemessenen Worten für das Neue suchen.

Bauten aus Ziegeln

Die Verdammung des Ornaments als „Verbrechen", die der Wiener Architekt Adolf Loos seinen Zeitgenossen entgegen schleuderte, wurde meist missverstanden. Loos benutzte selbst Ornamente, aber er wandte sich gegen das Überflüssige, das den Sinn mit falschem Schein überdeckt. Genau eingesetztes Ornament dagegen kann dienen und Sinn produzieren. Am Rathaus hat das Ornament eine Wirkung wie die Musik: Die Textur von Ziegeln erzeugt Klänge.

Jahrhundertelang ist am Niederrhein, in den Niederlanden und in Norddeutschland, wo es kein Gestein gibt, der Ziegel, der Backstein ein besonders geschätztes Material. Er stammt aus dem Lehm des heimischen Bodens. Aber er kostet stets viel Energie: beim Brennen. In der Industrialisierung wird die Herstellung rationalisiert und dadurch billig.

„Wie vernünftig ist diese kleine, handliche Form", formulierte Mies van der Rohe 1925, „so nützlich für jeden Zweck. Welche Logik im Verband, in Muster und Textur. Welcher Reichtum in der einfachen Mauerfläche; aber wieviel Disziplin verlangt dieses Material." (1925)

Durch seine Kleinteiligkeit macht die Backsteinfassade die Arbeit geschickter Maurer gegenwärtig. Backstein und Klinker werden zu prägenden Gestaltungsmitteln. Der Ziegel wird zur Formung von Oberflächen eingesetzt: Eisen-Skelettbau ist mit Klinkern verkleidet. Die Ziegelornamentik dieser backsteinexpressionistischen Gebäude erinnert in ihrer filigranen Textur an textile Webmuster. So gibt sich das Oberhausen der 1920er Jahre durch dieses Material das Aussehen einer kostbaren Stadt.

Der Grillo-Park

Einst erhob sich hier ein Hügel, auf dem weithin sichtbar zur Abschreckung der Galgen aufgestellt war. Dann holte die wild wachsende Industrie Kies aus dem Abhang – so war das Terrain einige Zeit „ein Kiesloch, in welchem nur verkrüppelte Fichten und einige Heidekräuter" wuchsen. 1854 übersiedelt die Grillo'sche Zinkwalze von Neumühl nach Oberhausen: Die Fabrik steht an der Stelle des heutigen Gesundheitsamtes. Umweltprobleme der Industrieanlage führen zu vielen Beschwerden. Ähnlich wie sein jüngerer berühmter

Bruder Friedrich Grillo (1825-1888), der in Essen einen Theaterbau stiftete, ist auch Wilhelm Grillo (1819-1889) daran interessiert, in der Öffentlichkeit angesehen zu sein. Daher lässt er zum Ausgleich für die Unbill, den die Fabrik macht, östlich hinter ihr einen Park anlegen. Am 13. Oktober 1904 beschließt die Stadtverordnetenversammlung unter Bürgermeister Wippermann in geheimer Sitzung den Ankauf des Grillo-Parks für 144.000 Mark. Der Grillo-Park ist ein „überaus teures Grundstück", es kostet mehr als das Gelände des Kaisergartens. „Der Park bietet dessen Besuchern", heißt es in einem Bericht von damals, „einen angenehmen Aufenthalt sowie durch die Anlage eines Spielplatzes den Kindern eine gern benutzte Spielgelegenheit. Dem Parke wurde die Bezeichnung ,Stadtpark' beigelegt." Lange Zeit ist er umgittert und nachts abgeschlossen.

Seine eigentliche Bedeutung als Mittelpunkt einer der modernsten Park-Städte Europas erreicht der Park durch den Bau des neuen Rathauses. Der Grillo-Park leistet dem Stadtbaumeister Ludwig Freitag (1888-1973) einen großartigen Dienst für eine theaterhafte Szenerie. Die Idee ist genial: eine Inszenierung von Park und Rathaus als ein Gesamtkunstwerk. Sie benutzt den Park nicht nur als Fundament für das Rathaus, sondern macht daraus eine Bühne. Erst der Park macht die vielfältige räumliche Gestalt des Rathauses möglich.

Aber diese Idee versinkt nach zwei Jahrzehnten im Vergessen. Der Park wird verselbständigt. Lange Zeit wuchert er vor sich hin, so dass der Sinn der Architektur unkenntlich wird. Erst durch die Restaurierung 2001/2003 erhält er seine Form zurück: eine Renaissance des genialen Planes – durch Restaurierung. Fehlgelaufenes zu reparieren kostet einiges, hier 300.000 € Den allergrößten Teil dafür erhält die Stadt aus dem Topf der Arbeitsbeschaffung, wie einst in den 1920er Jahren.

Als der Park angelegt wurde, waren die Bäume klein – sie sahen kläglich aus. Das ist das Schicksal aller Parks: Sie brauchen ihre Zeit, bis sie erwachsen sind. Jetzt steht der Park in aller Schönheit vor uns. Das Gesamtkunstwerk ist ein bedeutendes Kapitel der Architekturgeschichte der Moderne.

Park als Stadt

Blicken wir im Park in die Runde, dann sehen wir: In den Park sind Häuser eingestellt. Wie kommt jemand dazu, im Park leben zu wollen? Bis dahin gingen die Menschen in den Park, der in einiger Entfernung lag. Aber sie kamen nicht auf den Gedanken, darin ihr Wohnhaus zu errichten. Und wie kam man auf die Idee, den Kern einer Stadt – Bahnhof, Rathaus, Gericht, Schulen und Arbeitsamt – als Park zu konstruieren? Das wagte nicht einmal der Großherzog von Baden, als er Karlsruhe gründete. Er legte sein Schloss als Verbindung zwischen Park und Stadt an.

Nun aber ist die Stadt selbst ein Park – das war die Intention der Stadtentwicklung der 1920er Jahre. Und es sind nicht nur die Wohlhabenden in dieser Stadt, die im Park leben wollen, sondern auch die Kleinbürger sowie die Berg- und Stahlarbeiter. Je mehr Lebensqualitäten Menschen einfordern können, desto stärker wünschen sich die Menschen der Industriestädte den Park als Ambiente ihres Lebens.

Der Park ist in der von der Industrie bestimmten Welt ein Ausgleich für die verloren gegangene Natur. Parks in jeder Form, vom englischen Landschaftspark bis zu den Minigärten in den Wohnsiedlungen, sind Sehnsuchtsräume. So entwickeln sich auch in Oberhausen nahezu alle Typen von Parks.

Am auffälligsten ist der Kaisergarten: ein Park in einer Konzeption, die in England entwickelt wurde – geradezu ein Universum, das durch seine Inszenierung mit labyrinthischen Wegen und verschiedenen Baum-Charakteren ein Wechselbad von ganz unterschiedlichen Wunschvorstellungen ist. Dagegen sind die vielen „Schmuck-Plätze" Miniaturisierungen von Parks der absolutistischen Schlösser. Sie haben eine strenge Ordnung und genau komponierte Blumenrabatten. Diesen Typ des Parks finden wir in vielen Villen der Industriemanager. Für die Leitenden der Gutehoffnungshütte arbeiteten in der Manager-Siedlung Grafenbusch eigens Firmengärtner. Andere freistehende Einfamilienhäuser der oberen Mittelschicht verstehen sich als Villa im Park. Als Park sind auch Arbeitersiedlungen wie Eisenheim angelegt. Dass in der wilden Industrialisierung der Region ausgerechnet das Wohnen der „armen Leute" städtebaulichen Wert erhält, verdanken wir der Tatsache, dass hier architektonisch den Bedürfnissen dieser Menschen Gestalt gegeben wird.

Zu den genannten Parks kommen weitere. In den Straßen-Gevierten des frühen Geschäftsviertels um den Altmarkt wirkt jeder Hof wie ein Park. Selbst wo eine solche Fläche für den banalsten Nutzen bestimmt ist, schleicht sich der Park-Gedanke ein: Für Bäume, die den

Luftraum füllen, gibt es immer Platz – absichtsvoll gepflanzt oder aus verwehtem Samen ungeplant entstanden.

Hinzu kommen ganz andere Typen von Parks. Viele Menschen legen in „Volksgärten", den Schrebergärten, ihren individuellen Park an – in einer Mischung von Eigenentwurf, Klischee und Bauvorschriften. Plätze aus klassischer Tradition, geformt von Fassaden wie der Altmarkt oder der Friedensplatz erhalten eine zweite Ebene: In einem inneren Viereck stehen Bäume. Die Allee formt nicht nur Straßen, sondern zieht auch in den Platz ein. Architektur-Platz und Baum-Platz verschränken sich. Der Friedensplatz hat zwei Charaktere. Er ruht in sich – wie es die Art von herkömmlichen Plätzen ist – und bildet zugleich in seiner länglichen Form fast eine würdevolle Straße – mit vier Baumreihen. Dies ist eine geschickte Verbindung: zwischen dem Geschäftsviertel und dem Behördenviertel, sowie dem Geschäfts- und dem Wohnviertel.

Der Kollaps der Industriegesellschaft bringt Ende des 20. Jahrhunderts neue Parkformen hervor. Mit dem Impuls des Niederländers Louis Le Roy wird in den 1980er Jahren der Öko-Pfad am Rhein-Herne Kanal geschaffen. Er soll der Start zu einem Konzept sein, das die Urhebergruppe „Öko-Kathedrale" nennt. Der Impuls hat weitreichende Wirkungen – in die IBA Emscher Park. Die Landesgartenschau OLGA 1999 schafft „Neue Gärten". In dem planerisch bis dahin nicht handhabbaren Bereich um Emscher, Rhein-Herne-Kanal, Eisenbahn, Autobahn, Energieleitungen entsteht zum ersten Mal ein Zusammenhang, symbolisiert durch Brücken für Fußgänger und Radfahrer.

Einzigartig an der Ripshorster Straße ist ein Gehölzgarten, der ein lebendes Museum ist: ein „Kosmos der Bäume". Weit ausgreifend macht er den Zusammenhang zwischen Erdgeschichte und Entwicklung der Bäume erlebbar. Mittendrin befindet sich ein Haus, das die Neugierde an der widersprüchlichen Schönheit der Industrienatur stillt. Es steht kaum einen Kilometer entfernt von den modernen Einkaufspalästen des CentrO, die in der Tradition der monumentalen Gewächshausbauten des 19. Jahrhunderts exotische Bäume als Teil eines verkaufsstimulierenden Ambientes integrieren.

Mut im Wandel

Die Stadt Oberhausen ist buchstäblich aus dem Nichts entstanden. Für die erste deutsche Überland-Eisenbahn, von Köln nach Minden, entsteht 1844 im ärmsten Gebiet, in der ödesten Heide, ein Bahnhof. Das ist die Initialzündung für ein wildes industrielles Wachstum. Dieser Hauptbahnhof fällt wie ein Meteor in die Landschaft. Er beansprucht von vornherein ein riesiges Gelände. Der zweite Bereich entsteht als eine Spekulation – in einiger Entfernung vom Bahnhof, mitten im Wald (von dem heute nicht das Geringste mehr sichtbar ist): ein Raster für eine Blockbebauung mit Geschäften und Wohnhäusern.

Mehrere Anläufe, ein Zentrum zu realisieren, scheitern. Immer wird auf verkommenem Boden gebaut: Am heutigen Ebert-Platz lässt die Zeche den Grund sacken und es bildet sich ein See. Dann entstehen in einer aufgelassenen Kiesgrube der Grillo-Park und das alte Rathaus. Drittens geht um 1900 ein großes Eisenwerk in Konkurs: die Styrumer Eisenindustrie. Auf dem Zusammenbruch, buchstäblich auf der Brache, wird ein Behördenviertel angelegt. 80 Jahre später entsteht in einiger Entfernung auf dem stillgelegten Industriegelände der Firma Thyssen die „Neue Mitte" mit dem CentrO. Die schwierigen Bedingungen der Industriestadt fördern also einen ganz anderen als den herkömmlichen Stadttyp: den dezentralen mit mehreren Kernen. Das alles ist ungewöhnlich, treibt aber bis heute die Entwicklung der Stadt beständig voran: Not, Niedergang, Wandel, Improvisation, äußerste Knappheit der Mittel, Arbeitsbeschaffung als Herausforderung, als Ermutigung zur Transformation. Dieser Kreislauf von Entstehen und Vergehen prägt die Dynamik dieser Stadt. Niedergang wird auch als Chance auf Veränderung begriffen. Das Paradox: Verkommener Boden wandelt sich zu kostbarem Boden, weil auf ihm gut angelegt und modern gebaut wird. Auf dem schmutzigen, scheinbar ausgenutzten Grund der verlassenen Industrien entstehen Parks. Aus einem Industrie-Wildwest entfaltet sich eine Park-Stadt. Darin sind stolze Monumente der modernen Infrastruktur eingebettet, die die moderne Stadt schafft: Stadtsparkasse, Höhere Schulen, Rathaus, Theater, Berufsschulen, Gesundheitsamt u.a. Der Motor für diese Stadtentwicklung ist die Fähigkeit zu produktivem Strukturwandel – als sinnreiche Transformation. Aus Rück-Bildungen werden Vorwärts-Bildungen.

Der Baumeister

Diese produktive Atmosphäre zieht schöpferische Kräfte an. Die neuere Geschichte der Baukultur Oberhausens beginnt schon in den 80er Jahren des 19. Jahrhunderts, aber erst mit dem Bau der Sparkasse am Grillo-Park 1911 durch den Darmstädter Architekten Friedrich Pützer ergreift die architektonische Moderne das Bauen in dieser Stadt. Pützer bringt seinen jungen Mitarbeiter Ludwig Freitag mit, der dann jahrzehntelang als Stadtbaumeister das backsteinexpressionistische Erscheinungsbild Oberhausens als Parkstadt prägt: Dies geschieht nicht nur durch seine eigenen Entwürfe, sondern weil er die besten Kräfte der Darmstädter und Berliner Architekturschulen fördert, ihre Ideen in Oberhausen zu verwirklichen. Oberhausen wird in diesen Jahren zu einem Katalysator des modernen Bauens. Bruno Möhring entwirft 1910 für die Gutehoffnungshütte die Manager-Siedlung Grafenbusch und weitere Gebäude. Peter Behrens gestaltet 1920 einen Erstlingsbau der Zwischenkriegszeit: die Hauptverwaltung III und das Lagerhaus der GHH. Es wird eine Weltarchitektur. Es entstehen nach Entwurf von Ludwig Freitag das Berufsschulgebäude (1922; Christian-Steger-Straße), die Reichsbank (1923; Friedensplatz), das Polizeipräsidium (1924/1926; Friedensplatz), das Arbeitsamt (1929/1930; Christian Steger-Straße) und schließlich das gigantische Rathaus (1927/1928) mit Grillo-Park (1927). Hinzu kommen der Neubau des Hauptbahnhofes (1929/1930 von Hermann Schwingels) und gegenüber das Ruhrland Hotel (1930 von Carl Schmeißer). Und etwas später das Stadttheater (1938 von Ludwig Freitag).

Stadtbaumeister Ludwig Freitag ist nicht weit gereist, aber er wandert viel zu Fuß: Mit neugierigen, wachen Augen sieht er sich jeden neu entstehenden öffentlichen Bau im Umkreis von 20 Kilometern genau an. Er ist mit allen erreichbaren Publikationen der Welt verbunden. Die Arbeitsteilung seiner Zeit und die schützende Autorität des Oberbürgermeisters Otto Havenstein ermöglichen es dem Architekten, sein erwandertes und medial erfahrenes Universum zu der einzigartigen Park-Stadt Oberhausen zusammenzufügen.

Das Netz der Alleen

Das arme Frankreich hatte vorgemacht, wie man mit wenig Geld seine Straßen großzügig und würdevoll gestaltet: mit Bäumen, die Alleen bilden.

Die Allee eignet sich besonders dazu, ein städtisches Gewebe herzustellen – eine Struktur der Stadt aus Natur. Die Luftbilder von Oberhausen zeigen es am besten: Die Alleen bilden geradezu Netze. Bäume kommen „in Bewegung", das Grün verzweigt sich, als Alleen geben sie dem indifferenten Raum eine Prägnanz. So entsteht eine „grüne Stadt". In dieses Netz bettet sich die Vielfalt der Parks ein. Das Netz setzt alte und neue Parks in Bezüge.

Das Netz der Alleen schafft auch, was sonst keiner städtebaulichen Form gelingt: Es gestaltet Übergänge. Mit Alleen entwickelt sich der innere Bereich nach außen – wie mit Adern. Dieses Netz hat eine gewisse Kompaktheit, aber eine elastische – es atmet. Es ist Gesundheit. Es vermittelt zwischen der alten Natur der Landschaft und der gleichbleibenden Natur des Menschen und der Industrie. In einer Landschaft, in der immer mehr Gegensätze entstehen, wirkt es versöhnlich. Auf die Werte dieses Grüns können sich auch die sehr unterschiedlichen Weltanschauungen einigen. Natur in der Stadt heißt deshalb in Oberhausen vor allem Alleen.

Die Alleen sind in Oberhausen bis heute erhalten und strukturierend: eine kultivierende Gestalt-Bildung von Straßen und Plätzen durch Bäume – das billigste Mittel in der Zeit armer städtischer Kassen. Die Verwaltung lässt das Terrain gezielt und geschickt seit der Gründerzeit mit Alleen durchsetzen. Der erste Bürgermeister Friedrich August Schwartz initiiert die „Bepflanzung der städtischen Straßen mit Alleebäumen" – zunächst vor allem in den bürgerlichen Vierteln. 1899 besitzt die Stadt 19,6 km Alleen. Systematisch wird um 1900 das Rathausviertel umgewandelt: zu einem Parkviertel (Danziger-, Grillo-, Ebertstaße). Im Anschluss entstehen Alleen in der nördlichen Gewerkschaftsstraße, in der Düppelstraße und hinter der Industrie nördlich des Bahnhofs (Altenberg und Rhenania) im Bereich Gustavstraße/Buschhauser Straße prächtige Platanen-Alleen.

Das Netz der Alleen beschränkt sich nicht auf die Innenstadt. Es ist ein Programm für die gesamte Stadt. Vor allem die sich von der Innenstadt verzweigenden Alleen tragen den Gedanken der Parkstadt nach außen. Vom Behördenviertel nach Norden verlängert es sich kurz vor 1900: Dort entsteht das vornehme Marien-Viertel (Elsa Brandström-/Sedanstraße). Um 1910 wird östlich der Mülheimer-Straße ein weiteres weiträumiges Viertel angelegt: wie eine antik-römische Stadt – mit den sich kreuzenden Hauptachsen Goethe- und Schillerstraße. Im Detail werden die Straßen mit Alleen wie Boulevards gestaltet. Die sich kreuzenden Bismarckstraße und Lipperheidstraße zeigen zwei Baumreihen zwischen den beiden Fahrbahnen. In anderen Straßen stehen die Baumreihen auf breiten Bürgersteigen. Am Kreuzungspunkt der Achsen finden wir – wie in der Antike das Forum mit den Staatsgebäuden – eine große Kirche (1898 Luther-Kirche; 1922). Privatleute beteiligen sich am Programm der Alleen, in Lirich zum Beispiel die Familie Uhlenbruck an einem Platz (1907 Uhlenbruck-Platz). Auch die Gutehoffnungshütte lässt ihre Arbeitersiedlungen mit Alleen gestalten.

In der Zeit von 1906 bis 1913 werden insgesamt 6.010 laufende Straßenkilometer mit 1700 Bäumen ein-, zwei- oder dreireihig bepflanzt. Insgesamt sind kurz vor dem ersten Weltkrieg 25.3 km Straßenstrecke als Baumalleen gestaltet worden. Die Fläche der öffentlichen Parks wächst in dieser Zeit fast auf das Doppelte weiter. Von Beginn an steht die Idee der Gartenstadt in Oberhausen in Verbindung mit der Gartenstadt-Idee, wie sie sich früh im industrialisierten England entwickelt hat. Mit dieser Orientierung opponiert man auch gegen das Leitbild Stadt aus absolutistischer Tradition. So drückt mit der Parkstadtbewegung das Ruhrgebiet auch seine Distanz zur ungeliebten preußischen Hauptstadt Berlin aus. Die Gartenstadt-Ideen aus England, die um 1900 entstanden sind, leben bis heute in den Siedlungen fort. Die ausgeprägteste Park-Siedlung ist die GHH-Siedlung Vondern (um 1905) in Osterfeld (Glückauf-Straße). Englisches Vorbild: unsymmetrisches Straßen-Muster, geschwungene Wege, hohe Platanen, ein einziger Bautyp mit wenigen Details, aber so variiert, dass keine Langeweile entsteht.

Die Park-Stadt in den 1920er Jahren

Im Bereich der Stadtplanung verfolgt Ludwig Freitag die Weiterführung der vorzüglichen Planung der Jahrhundertwende: Alleen, Plätze, Parks. In diesen Jahren wird die Infrastruktur auf die Stichworte ausgedehnt: freie Zeit nach der Arbeit - als Regeneration und Sport. So entsteht in Oberhausen seit 1925 eine Grünflächen-Politik für die Erholung.

Das Alleen-Programm wird weitergeführt. Die rund 30 km Baumpflanzungen mit 7.800 Stück Straßenbäumen werden nicht nur „ordnungsgemäß unterhalten", sondern neue Anpflanzungen 1925 hergestellt: 1. in der neuen Straße nach Hamborn mit Kugelakazien, 2. an der Landwehr mit rotblühenden Kastanien, 3. an der Niederstraße mit Platanen. 1926 wird zwischen Goeben- und Industriestraße von der Königstraße bis

zum Postgebäude eine Promenade ausgestaltet. Die Alleen-Zone dehnt sich nach Süden aus. Neue Baumpflanzungen erfolgen 1926 in der Hahnenstraße, Akazienstraße, an der Landwehrpromenade, zwischen Nohl- und Mülheimer Straße mit rotblühenden Kastanien und an der Uferstraße. Mit Bäumen bepflanzt wird 1929 die Promenade der Zechenstraße zwischen Mülheimer Straße und Bahnhof.

Nach der Zusammenlegung der drei Städte lässt die Verwaltung 1929 in Osterfeld über 6.000 Bäume pflanzen. 1929 entstehen dort die Alleen: Fahnhorststraße, Siepenstraße, Koppenburgstraße, Winkelstraße, Kniestraße, Emscherstraße, Bottroper Straße. Besondere Aufmerksamkeit wird in dieser Zeit der Vergrößerung der bestehenden Parkanlagen und der Errichtung neuer Parks gewidmet. Es sind 5 neue Schmuckplätze in der Gesamtgröße von 10.000 qm: 1. eine Grünfläche zwischen der Rolandbahn und der Schwartzstraße, 2. ein Platz vor der Josefskirche, 3. ein Schmuckstreifen längs der Rolandbahn, 4. ein Schmuckstreifen am Moltkeplatz, 5. der Bonmanplatz in Lirich.

Immer stärker wandelt sich der Charakter der Parks: Sind es anfangs vor allem repräsentative Schmuckplätze, werden Parks nun zu einem Ort für Unterhaltung, Spiel und Sport. Die 1920er und 1930er Jahre führen zu einer starken Aufwärtsbewegung des gesamten Turn- und Sportlebens innerhalb der Gemeinde. Mehrere Sportplätze werden angelegt. Im Zusammenhang damit, auch als Arbeitsbeschaffung für Arbeitslose, plant Ludwig Freitag das Gelände zwischen Kanal und Emscher: 1926 das Niederrhein-Stadion und das Sommerbad. Durch Anpflanzungen und Gehölzgruppen ist das Gesamtbild des Stadions damals wirkungsvoll als Park-Stadion gestaltet worden. Typisch: In den Volkspark in Sterkrade (zwischen Robert Koch-Straße und Weyerstraße) wird in den 1920er Jahren eine Sportanlage integriert. In Städtekonkurrenz entwickelte auch Sterkrade schon 1916 einen Volkspark (Parkstraße). Osterfeld legte 1925 auf gepachtetem Gelände seinen vielgestaltigen Volksgarten an (Mergel-/Kapellenstraße).

Nach der Zusammenlegung 1929 greift das Park-Konzept über nach Sterkrade und Osterfeld. In Osterfeld entstehen Grünflächen im Volksgarten und im Stadtwald. In Sterkrade wird 1930 die Grünanlage am Kastell Holten angelegt. Und Waldwege. Später kommen in Osterfeld weitere Parks hinzu: Antonienpark am Elpenbach (Antonienstraße) oberhalb der Elly-Heuß-Knapp-

Stiftung. Schließlich 1999 der Park der Landesgarten-schau auf dem Gelände der Zeche Osterfeld.

Park-Stadt in den 1980er und 1990er Jahren

In den 1980er Jahren bricht die große und alles weithin beherrschende Montanindustrie in Oberhausen und in anderen Emscher-Städten weitgehend zusammen. Ihre riesige Agglomeration in der geografischen Mitte der Großstadt wird stillgelegt. Die Politik hofft einige Zeit lang auf Nachfolge: Ein ebenso gewaltiger Investor möge kommen. Aber niemand ist in Sicht. In dieser Vergeblichkeit entwickeln Planungsdezernent Hans Otto Schulte und Stadtplaner Dieter Blase ein Konzept für die Kultivierung der weiten Industriebrachen. Ihr Stadtentwicklungsplan 1986 zielt auf die „Umstufung von Grau nach Grün als ökologische Flächen-Politik". Er sieht Brachen als Chance an. Wenn schon keine Industrie kommt, machen wir aus der Industriebrache eine „grüne Mitte". Und er entwirft eine poetische Zukunftsvision: die Stadt als eine „Öko-Kathedrale".

Das erste Projekt ist der kulturelle Öko-Pfad am südlichen Ufer des Rhein-Herne-Kanals – vom Schloss, am Gasometer vorbei, bis zur Osterfelder Straße. Arbeitslose und Künstler schaffen Kunstobjekte: „Nachdenk-Zeichen". Die mittelfristige Rechnung lautet: Wenn es wieder eine ordentliche Umwelt gibt, werden sich unter den besseren Bedingungen neue Investoren niederlassen. Die Öko-Kathedrale selbst kommt nicht hoch. Aber die Idee wird eine der Wurzeln für den Landschaftspark, den die Internationale Bauausstellung Emscher Park 1989/1999 längs durch das ganze Ruhrgebiet anlegt und den sie durch das Stichwort „Arbeiten im Park" anreichert.

Die gesamte Region, 70 Kilometer entlang der Emscher, soll zu einem einheitlichen Lebensraum verknüpft werden. Die Perspektive: Der Emscher Park wird Wohnen und Arbeiten wieder in einem Landschaftsraum vereinigen. Karl Ganser führt von 1989 bis 1999 Regie und endlich arbeiten Städteplaner, Landschaftsgestalter, Architekten, Denkmalpfleger und Künstler wieder schöpferisch miteinander, um Lösungen zu finden, die Mensch, Industrie und Natur miteinander versöhnen. Brachen und alte Industriegebäude werden durch Transformation wieder kostbarer Boden und künstlich geschüttete Halden zu Aussichtsplattformen, die von diesen einst verbotenen Bergen einen weiten Blick ins Tal ermöglichen. Dort unten im Emschertal findet in den nächsten 30 Jahren eines der anspruchvollsten Projekte statt. Die Emscher, die jahrzehntelang als Kloake das Emschertal teilte, wird von der Emschergenossenschaft renaturiert: damit dieser Flusslauf zukünftig mit Baumalleen, Fahrrad- und Wanderwegen die Städte und die fünf Grünzüge des Ruhrgebietes verbinden kann.

In Oberhausen sind einige der insgesamt 120 Projekte der IBA Emscher Park entstanden. Das Werksgasthaus der GHH ist außen und innen ein Dokument behutsamer Restaurierung und Umnutzung: Der Zusammenhang zwischen Altbau und Neubau des Technologie-Zentrum Umweltschutz (Reichen & Robert/Dratz).

Hinzu kommen die Rekonstruktion des Hauptbahnhofes, die Allee der Industrie-Kultur in der Essener Straße, der Ausbau des Gasometers zur monumentalen Ausstellungshalle. Ein Kosmos der Bäume ist der Ökologische Gehölzgarten Ripshorst und unweit davon ist im Rahmen der Landesgartenschau 1999 der OLGA Park entstanden.

Die Ludwig Galerie Schloss Oberhausen zeigt in Ausstellungen die Visionen des Emschertales: „Kunst setzt Zeichen" (1999), „Skulptur Emscherpark" (2002), „Emscher – Faszination eines ungeliebten Flusses (2002)" und nun „Parkstadt Oberhausen". Sie versuchen, die Schönheit der Industrielandschaft anschaulich zu machen.

O.VISION

Die Renaissance der Park-Stadt Oberhausen, wie sie mit der Wiederherstellung des Grillo-Parks begann, macht nicht nur erlebbar, dass diese Stadt über eines der bedeutendsten Ensembles der modernen Architektur des 20. Jahrhunderts verfügt, sondern weist in ihrem Blick zurück zugleich weit in die Zukunft. Ist doch die Park-Stadt damals von Oberbürgermeister Otto Havenstein und dem Stadtbaumeister Ludwig Freitag vor allem mit dem Ziel entwickelt worden, einen „gesunden Stadtkörper" zu schaffen. Der technische Beigeordnete Eduard Jüngerich bringt diesen Prozess 1925 auf den Punkt: „Das in Zeiten überstürzten Wachstums, aus mangelnder Erkenntnis und lauem Können Verabsäumte ist planmäßig und zielbewusst nachzuholen. Gerade das verhältnismäßig noch reichlich vorhandene Freiland kann und muss dazu dienen, einen gesunden Stadtkörper zu gestalten, seinem Organismus die markigen Verkehrsadern, die kraftvollen Lungen – ein Netz ausstrahlender Grünflächen – zu schaffen. Und schön gestaltet muss dieser Körper werden, aus Ungefügem, Ungelenkem muss rhythmisches Ebenmaß entstehen."

Auf Gesundheit als einen der höchsten Werte ist die Park-Stadt der 1920er Jahre gerichtet und erweist sich dadurch als eine der wichtigsten Erbschaften, die sie in die Zukunftsgestaltung der Stadt heute einbringen kann. Denn mit dem Projekt O.Vision, das in den nächsten Jahren in der „Neuen Mitte" auf dem Gelände des ehemaligen Stahlwerks Thyssen entstehen soll, will sich Oberhausen – weit über seine Stadt hinausweisend – dem Thema Gesundheit verschreiben: „Eine Kathedrale und ein Marktplatz für die Dienstleistungen an der Gesundheit des Menschen soll O.Vision werden." (Burkhard Drescher)

Oberhausen als Industriestadt: gewidmet der Gesundheit: Das ist die lange Geschichte, die um 1880 mit den Baum-Alleen beginnt und im Kaisergarten um die Jahrhundertwende einen ersten Glanzpunkt erhält. In den 1920er Jahren dann ihr Höhepunkt: Das Grün der Kette der Parks und das Rot des Backsteins der Solitärbauten durchdringen sich im Zentrum der Stadt zur Park-Stadt. Das geschah einst und erfolgt heute in Krisenzeiten auf ausgenutzten Geländen. Um die Jahrhundertwende auf dem Terrain der verfallenen Styrumer Eisenindustrie – heute Friedensplatz – und nun auf dem Gelände der verfallenen Eisenproduktion von Thyssen – der „Neuen Mitte". Die Triebkraft der Gestaltung heißt stets Transformation.

Die Park-Stadt der 20er und 30er Jahre war eine dieser produktiven Transformationen. Früh beginnt die Stadt zu begreifen, dass es nicht nur Raum für qualmende Schlote geben dürfe, sondern auch für die Lebensqualität Gesundheit.

Das Buch und die Ausstellung „Park-Stadt Oberhausen" wollen Oberhausen neu sehen lehren. Es ist zu hoffen, dass das Publikum höchst erstaunt ist über das, was ihm jetzt durch die Fotografien von Thomas Wolf in die Augen gerät und den trägen Schleier des Gewohnten durch den hellen Blick auf das So–noch-nicht–Gesehene verdrängt wird. Dazu bedient sich die Ludwig Galerie Schloss Oberhausen der Mittel der Kunst. Der Künstler, das ist hier der Fotograf, aber auch der Ausstellungsmacher und vielleicht auch der Text-Autor reichen dem Zuschauer den frischen Blick. Kunst kann Augen öffnen. Die Stadtentwicklung muss die Fäden nun weiter verfolgen. Denn an der „grünen Stadt" gibt es noch viel zu arbeiten, vor allem in den einzelnen Stadtvierteln.

Ehemaliges Arbeitsamt, 1929
Fassadendetail, Alt-Oberhausen

Stadtplan
zur Kulturgeschichte
der modernen
Architektur

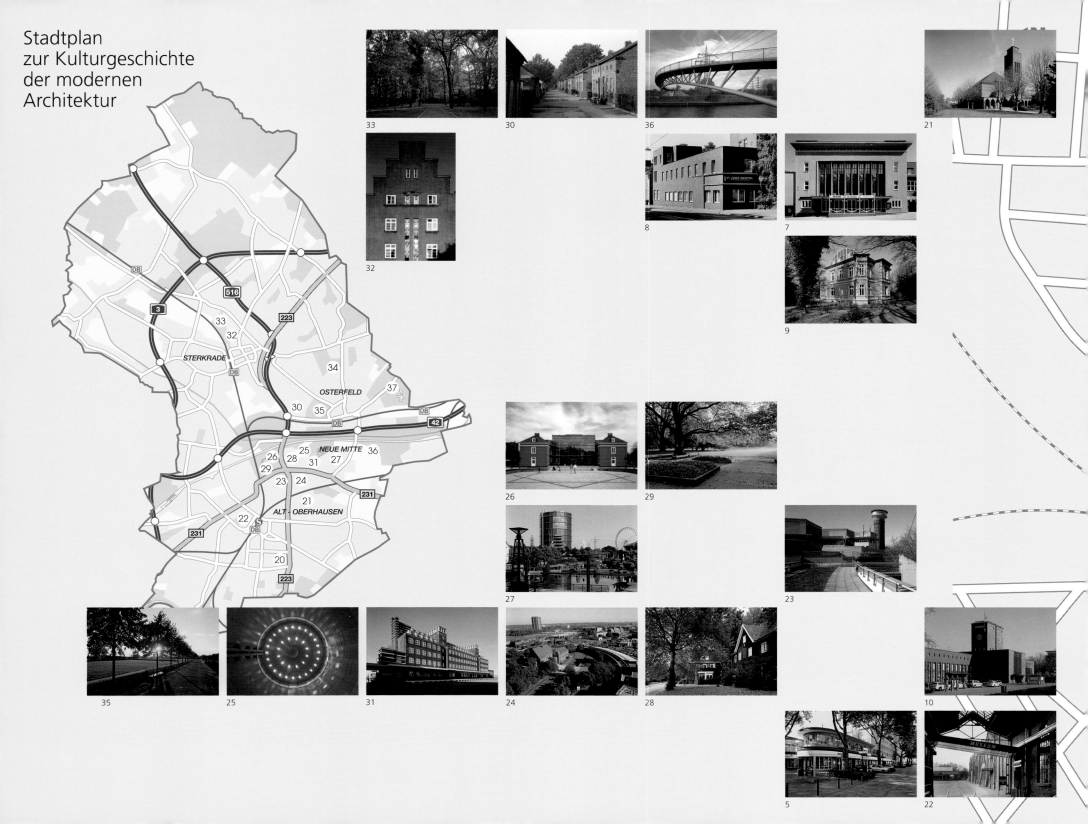

33

30

36

21

32

8

7

9

34

37

OSTERFELD

STERKRADE

30   35

NEUE MITTE   36

25

26   28   27

29   31

23   24

21

22

ALT - OBERHAUSEN

20

26

29

27

23

35

25

31

24

28

10

5

22

Rathaus, Schwartzstraße 72, Alt-Oberhausen

1874 erhielt Oberhausen die Stadtrechte. 1910 wurde ein Wettbewerb für einen Rathausneubau ausgeschrieben um Raum für die städtische Verwaltung zu schaffen und dem gestiegenen Repräsentationsbewusstsein durch einen entsprechend gestalteten Bau Rechnung zu tragen. Gewinner des Wettbewerbs war Friedrich Pützer, Professor aus Darmstadt, der dort am Bau der Mathildenhöhe mitgewirkt hatte. Der Erste Weltkrieg unterbrach die weitere Planung und Ausführung des Bauvorhabens. Ludwig Freitag, ein Schüler Pützers, der in der Zwischenzeit als Angestellter der Entwurfsabteilung des Hochbauamtes in Oberhausen arbeitete und später Stadtbaumeister wurde, reichte 1927 gemeinsam mit Eduard Jüngerich die letzte Entwurfsänderung ein. Bereits 1928 erfolgte das Richtfest. Zur Ausführung kam ein Bau, der für das bedeutendste öffentliche Gebäude der Stadt einen Stil wählte, der mit backsteinexpressionistisch umschrieben wird, den man aber auch als Übergang vom Expressionismus zum Bauhaus bezeichnen kann. Noch sind in der ornamentalen Ausführung der verschiedenen Backstein-reliefs, den Traufgesimsornamenten, dem monumental gestalteten Eingangsbereich und in der Schaufassade historisierende und expressionistische Stilelemente zu erkennen, aber die Differenzierung der Baukörper zugunsten einer funktionellen, klar gegliederten Gestaltung deutet auf den Einfluss des Bauhauses hin. So ist bereits im Grundriss die Aneinanderreihung und Durchdringung von Baukuben zu finden, deren Funktion auch nach außen ablesbar bleibt. Es entsteht eine Vermittlung von Innen- und Außenraum – zum Grillo-Park hin (ursprüngliche Planung Ludwig Freitag) – und eine gleichzeitige Einbeziehung in das städtische Umfeld.

Sitz der Internationalen Kurzfilmtage, ehem. Direktorenvilla der Zeche Concordia, Grillostraße 34, Alt-Oberhausen

Die Concordia-Bergbau-AG ließ 1897 für ihren Direktor, Wilhelm Liebrich, eine Villa errichten. Das zweigeschossige Haus ist in gelbem Backstein erbaut und mit roten Sandsteindetails versehen. Die Geschosse sind durch Gesimse voneinander getrennt, die zusammen mit dem ausladenden Kranzgesims unterhalb des Daches die horizontale Gliederung des Gebäudes betonen. Die Fenster sind durch rahmende Sandstein-Reliefs mit betontem Gebälk durch Materialbeschaffenheit und Farbe vom gelben Backstein der Wandflächen abgesetzt. Ein erkerartiger Ausbau befindet sich an der Ecke zur Freiherr-vom-Stein-Straße. Eingang und Gartenzimmer sind durch Vorbauten hervorgehoben. Früher war die Villa von einem Park umgeben, der heute zu einer öffentlichen Anlage umgestaltet wurde. Der stählerne Dachaufbau in Form eines Tonnengewölbes entstand beim Umbau in den 1980er Jahren.

Sparkasse, Schwartzstraße 62, Alt-Oberhausen

Die Stadtsparkasse, 1865 gegründet, wird bis um 1930 als Infrastruktureinrichtung der Stadt begriffen. Ihr Prestige drückt sich durch die Position des 1912 von Friedrich Pützer (Darmstadt) errichteten Gebäudes aus, der bereits den Wettbewerb für den geplanten Rathausneubau gewonnen hatte: Die Sparkasse steht am Grillo-Park gegenüber dem alten und gleichzeitig geplanten neuen Rathaus. Gebaut wurde ein repräsentatives, dreigeschossiges Eckgebäude. Das Sockelgeschoss

Erläuternde Bildbeschreibungen

ANGELIKA MERTMANN

ist in Sandsteinquadern ausgeführt, mächtige Rundbögen markieren die Haupteingänge. Diese sind mit Tonnengewölben überspannt, die mit einem durch Klinkerreihung gebildeten Netzwerk geschmückt sind. Ein besonderes Merkmal bilden die repräsentativ angelegten Balkone. Der markante Eckturm mit Haubendach bildet eine städtebauliche Dominante in Wechselwirkung zum Rathaus.

Adolf-Feld-Schule, Städt. Gem. Grundschule, Danziger Str. 7, Alt-Oberhausen

Der dreigeschossige Schulbau im Backsteinmauerwerk der Neugotik wurde als Erweiterung der älteren Adolf-Feld-Schule um 1900 errichtet. Während die Wandflächen des Erdgeschosses weitgehend ungegliedert sind, sind die zwei spitzbogigen Eingänge versehen mit kunstvollen Eisengittern mit Jugendstilanklängen. Der rechte Eingang ist zudem gerahmt durch Pilaster und einen Drei-Staffel-Giebel. Der Giebel des östlichen Querbaus ist mit einem Blendfenster als große Rosette ausgestattet und mit aufwändig gemauerten Lisenen geschmückt.

Luise-Albertz-Halle, Tagungs- und Veranstaltungszentrum, ehem. Stadthalle, 1962, Düppelstraße 1, Alt-Oberhausen

Die Luise-Albertz-Halle gegenüber dem Rathaus ist nach der langjährigen Oberbürgermeisterin (1956-1979) von Oberhausen benannt. Das heute als Tagungs- und Veranstaltungszentrum genutzte Gebäude wurde 1962 nach fünfjähriger Planungs- und Bauzeit (Architekten Stumpf u. Voigtländer, Duisburg) eingeweiht.

Friedensplatz, Alt-Oberhausen

Von 1854 bis 1902 war an der Stelle des heutigen Friedensplatzes die Styrumer Eisenindustrie AG angesiedelt, mitten in der Stadt. Nachdem die Hütte in Konkurs gegangen war, wurde auf der Industriebrache der 50 x 180 Meter große Platz angelegt, der zuerst den Namen „Kaiserplatz" trug. Im stadtplanerischen Gesamtkonzept nimmt der Platz als wichtiges Bindeglied zwischen Altmarkt, Bahnhof und Rathaus eine herausragende Stellung ein. Wasserbecken, zwei Doppelreihen von geschnittenen Platanen und Blumenbeete gliedern die Weitläufigkeit des Platzes. Der Platz ist geprägt durch die drei Hauptbauepochen der Stadt: dem ausgehenden Historismus mit dem Amtsgericht, der klassischen Moderne mit dem Polizeipräsidium und der Landeszentralbank (ehem. Reichsbank) und der Architektur der 50er Jahre mit dem Europahaus von Hans Schwippert.

Amtsgericht, Friedensplatz 1, Alt-Oberhausen

Das Amtsgericht, 1907 im Stil der Neo-Renaissance erbaut (Architekt: Geheimer Oberbaurat Thömer), spiegelt das gestiegene Repräsentationsbedürfnis der Stadt. Es präsentiert sich im Stil der Staatsbauten des kaiserlichen Deutschlands. Getrennte Eingänge verkörpern die hierarchische Klassengesellschaft des Kaiserreichs. Das Portal des in Sandstein erstellten Gebäudes wird von zwei Löwenköpfen bewacht, über dem Eingang ist das Haupt der Minerva bzw. Pallas Athene dargestellt. Neben dem Stil der Neo-Renaissance birgt das Gebäude auch Jugendstilelemente: das Wandrelief von Wahrheit, Sünde, Strafe und Reue.

Polizeipräsidium Oberhausen, Friedensplatz 2-5, Alt-Oberhausen

Das Polizeipräsidium wurde 1924-1926 von den Architekten Eduard Jüngerich und Ludwig Freitag errichtet. Zur Ausführung kam ein mehrgeschossiges Backsteingebäude mit Walmdach; an der Rückseite schließt sich ein zweiflügeliger Gebäudeteil an. Die langgestreckte Fassade ist zum Friedensplatz hin durch zwei aufwändige Portale gegliedert, die sich über die beiden unteren Geschosse erstrecken. Beide Eingänge haben reich gestaltete Gewände und Stürze. Ein weit vorgezogener satteldachgedeckter Risalit betont das Ende des Gebäudes. Hier wird die Massigkeit des Gebäudes aufgelockert durch den fünffach rundbogig geöffneten Laubengang im Erdgeschoss. Der südliche Abschluss des Gebäudes korrespondiert mit der gegenüberliegenden Bebauung am Friedensplatz und bildet so eine Torsituation zum Friedensplatz hin. Die Mauerflächen sind durch ein gliedernd eingesetztes Flächenmosaik aus Backstein, erhöhte Lagerfugen und Betonstreifen gestaltet. Im Gebäude ist die originale Innenausstattung erhalten: Decken, Beleuchtungskörper, Wandverkleidungen, Sichtbetonpfeiler und Treppenhaus zeigen hohe handwerkliche Qualität.

Bert-Brecht-Haus (VHS und Stadtbibliothek), ehem. Warenhaus Tietz und Redaktionsgebäude der „Ruhrwacht", Langemarkstraße 21, Alt-Oberhausen

Nach Entwürfen des Kölner Architekten Otto Scheib entstanden 1925/28 die Gebäude des Warenhauses Tietz und der „Ruhrwacht" als zusammenhängender Baukomplex. Seine Bauweise erinnert an das fünf Jahre zuvor entstandene Chile-Haus in Hamburg von Fritz Höger. Als herausragendes Beispiel für den Backsteinexpressionismus springt vor allem die steile, kantig ausgefaltete Eckfront an der Paul-Reusch-Straße/Ecke Langemarkstraße ins Auge. Das Beispiel für ein frühes Hochhaus wurde in zwei Bauabschnitten geplant, in den vorderen, südlichen Teil mit dem Kaufhaus Tietz und den nördlichen Teil mit der Redaktion der Ruhrwacht.

Forum, ehem. Modehaus Mensing, 1950-1952, Marktstraße 35

Das Gebäude des Kaufhauses Vero Moda ist 1950-1952 auf den Fundamenten des im Zweiten Weltkrieg zerstörten Vorgängerbaus (1925-1939) errichtet worden. Es ist ein Beispiel für das Bauen im Stil der klassischen Moderne.

Kaufhaus Peek&Cloppenburg, ehem. Kaufhaus Rüttgers, später Zentral-Kaufhaus Hans Magis

Das von Otto Engler (Düsseldorf) entworfene Kauhaus entstand in zwei Bauabschnitten 1912 und 1928 in exponierter City-Lage. Es gilt als bedeutendes Beispiel großstädtischer Warenhausarchitektur im frühen 20. Jahrhundert. Die streng vertikale Gliederung der Fassade mittels durchlaufender Lisenen ist noch weitgehend erhalten.

Rheinisches Industriemuseum, ehem. Zinkfabrik Altenberg, Hansastraße 20, Alt-Oberhausen

Die belgische Firma Vieille Montagne gründete 1854/55, direkt am Oberhausener Bahnhof, die Zinkfabrik Altenberg. Diese produzierte bis 1981. Seit 1997 wird in der ehemaligen Walzhalle die Ausstellung „Schwerindustrie" gezeigt. Mehr als 1500 Exponate führen durch die Geschichte der Eisen- und Stahlindustrie an Rhein und Ruhr. Die ehemalige Elektrozentrale zeigt in einer Dauerausstellung die Geschichte der städtischen Versorgung mit Gas, Wasser und Strom am Beispiel Oberhausens. Das ehemalige Kesselhaus wird als Kinderwerkstatt genutzt. Im Fabrikhof lädt ab Mai 2004 ein großes, begehbares Modell der Stadt Oberhausen (ohne Osterfeld und Sterkrade) zur Erkundung der besonderen Geschichte dieser Industriestadt aus der Mitte des 19. Jahrhunderts ein.

Hauptbahnhof, Williy-Brandt-Platz, Alt-Oberhausen

Bereits 1846 hatte die Köln-Mindener Eisenbahngesellschaft den nach Schloss Oberhausen benannten ersten Bahnhof – einen schlichten Fachwerkbau – errichtet und damit den Anstoß zu einer stürmischen industriellen Entwicklung gegeben. Ein Empfangsgebäude folgte 1854. Der heutige Bahnhof, der einem großstädtischen Anspruch entsprechen sollte, wurde zwischen 1929 und 1934 von Reichsbahndirektor Hermann und Reichsbahnrat Schwingels erbaut. Anregung für die Ausführung kam vom Stuttgarter Hauptbahnhof von Paul Bonatz. Der unregelmäßige Grundriss des Gebäudes zeigt sich auch in der versetzten Anordnung der Baukörper im Aufriss. Die einzelnen Baukuben sind von unterschiedlicher Höhe, das hohe Empfangsgebäude und der Wasserturm betonen die Vertikale, während die seitlichen Baukörper, ehemalige Wartezone, Ausgangsbereich und Gepäckabfertigung die Horizontale hervorheben. Auch die Fassaden sind horizontal und vertikal gegliedert. Alle Baukörper sind flach gedeckt; die Kanten der Flachdächer und die kragenden Schutzdächer des Eingangs- und Ausgangsbereichs betonen wiederum die horizontale Gliederung. Wie bei anderen Bauten der klassischen Moderne ist beim Hauptbahnhof eine von Funktionalität geprägte Gestaltung vorherrschend: So sind bei der Fassadengestaltung keine Schmuckelemente verwandt und die unterschiedliche Funktionalität der einzelnen Bereiche ist nur durch die Verteilung von Fenstern bzw. fensterlosen Mauerflächen sowie durch die unterschiedliche Höhe und die versetzte Anordnung der einzelnen Baukörper ablesbar.

Haus Ruhrland, ehem. Hotel Ruhrland, Williy-Brandt-Platz 2, Alt-Oberhausen

Parallel zum gegenüberliegenden Hauptbahnhof wurde 1931 das Hotel Ruhrland (Architekt Carl Schmeißer) als lang gestreckter, viergeschossiger Flachbau errichtet. Das Gebäude besteht aus vier Baukörpern: dem Hauptbau mit schmalrechteckigem Grundriss, zwei dreigeschossigen, zur Poststraße und Schwartzstraße gelegenen Bauquadern und einem zweigeschossigen, abgerundeten Pavillonbau. Alle Teile sind mit Flachdächern versehen. Die Wandflächen sind schmucklos, lediglich die Fensteröffnungen sind eingeschnitten. Gegliedert wird durch die Fensterordnung und durch die unterschiedliche Farbgestaltung der Fassaden. Wie bei anderen Beispielen der funktional-sachlichen Architektur spiegelt sich darin die Funktion der einzelnen Räume. Eine besondere Funktion kam dem Pavillon zu. Durch die zahlreichen, großflächigen Fenster wirkt er fast „durchsichtig" und erlaubt einerseits den Blick hinein andererseits den Ausblick auf den Bahnhofsbereich und die Grünanlage an der Schwartzstraße. In städtebaulicher Hinsicht verband das Hotel Ruhrland den Bahnhof, das Rathaus und das Arbeitsamt miteinander.

Ehem. Arbeitsamt, Danziger Straße 11-13, Alt-Oberhausen

Das Arbeitsamt ist von den Architekten Eduard Jüngerich und Ludwig Freitag 1929 gebaut. Beide haben auch schon beim Bau des Rathauses zusammengearbeitet. Die Grundrissgestaltung folgt den Konturen des Eckgrundstücks. Zwischen zwei dreigeschossigen, im Winkel versetzten Baukuben, ist ein flacherer, langgestreckter, ebenfalls dreigeschossiger Mittelbau gesetzt, der im Osten der gerundeten Straßenführung folgt. Die Fenster im 2. und 3. Obergeschoss sind durch Putzbänder zusammengefasst, während in den seitlichen Baukuben an den Treppenhäusern vertikale Fensterbänder angeordnet sind. In der Mauerung der Backsteinfassade sind Fehlbrände von Klinkern als Gestaltungselemente eingesetzt. Bewusst wurde hier auf dekorative Ausschmückung verzichtet und der reinen, funktionellen Form der Vortritt gelassen. Man kann hier von einem Gebäude im reinen Bauhausstil sprechen.

Wohnhäuser Alsenstraße/Blücherstraße, Alt-Oberhausen

Die Bebauung der Alsenstraße und der angrenzenden Abschnitte der Blücherstraße erfolgte um 1925. Obwohl es sich hier um Privatbauten handelt, lassen sich durch gemeinsame Merkmale die Zusammengehörigkeit der Häuser erkennen. Das Wohnhaus für den Architekten Weckend (Blücherstr. 59) wurde nach 1925 erbaut. Über einem unregelmäßigen Grundriss erheben sich Baukörper, die unterschiedlich hoch sind und die sich durch Vor- und Rücksprünge auszeichnen. Vorspringende Geschossgesimse, Balkone und die Abschlussbänder der Flachdächer betonen die Horizontale und machen sie zum bestimmenden Ausdruck des Hauses. Die Vertikale wird lediglich durch die beiden schmalen, hochrechteckigen, geschossübergreifenden Treppenhausfenster an der Fassade zur Blücherstraße betont. Beim Mehrfamilienhaus (Alsenstr. 63) arbeitet der Architekt ebenfalls mit unregelmäßigem Grundriss und vorspringenden Baukörpern. Durch die versetzt angeordneten Baukörper wird eine raumschaffende Wirkung geschaffen. Die lebhafte Gliederung der Baukörper gliedert den Straßenraum auf besondere Weise. Dies und die sachliche Gestaltung im Einzelnen lassen auf die Bauhaustradition des Architekten schließen. Die ausdrucksstarken Kontraste zwischen Horizontal und Vertikale und die Farbgebung sind noch Ausdruck des expressionistischen Baugedankens.

Rolandschule, Straßburger Straße 212, Alt-Oberhausen

Um 1930 wurde die Rolandschule als 2 bis 3-geschossiger Bau im Bauhausstil errichtet. Der unregelmäßige Grundriss lässt die versetzte Anordnung der Baukörper erkennen. Diese werden nach außen durch die Differenzierung in der Fenstergestaltung sichtbar, die die Vertikale betonen. Hierdurch sowie durch die vorkragenden Flachdächer und Schutzdächer über dem Eingangsbereich – die wiederum die Horizontale betonen – werden Raumsituationen als Übergänge zwischen Innen und Außen geschaffen.

Theater, Ebertstraße 82, Alt-Oberhausen

Das Oberhausener Stadttheater ist nicht als einheitlich konzipiertes Gebäude entstanden. Der heutige Bauzustand setzt sich zusammen aus unterschiedlichen Gebäudeteilen, so aus dem 1913/1914 erbauten neuen Saal der ehem. Gaststätte „Wilhelmshöhe" und den im Jahr 1923 erfolgten Um- und Ausbauten. 1938 wurde nach Plänen von Ludwig Freitag das Theater erweitert. Es entstand der Neubau des Vorderhauses, des Bühnenhauses und des Garderoben- und Werkstättentraktes. Nach den Kriegszerstörungen von 1943 erfolgte nach Plänen des Hochbauamtes der Stadt Oberhausen (Bohlmann/Hetzelt) ein Wiederaufbau. Das neue Theater konnte 1949 feierlich eingeweiht werden. Weitere Zu- und Umbauten entstanden in den 50er Jahren (Kostümwerkstätten, Sedanstraße) und 1992 (Architekt Ernst Craemer). Das Gebäude in seiner heutigen Form besitzt eine Fassade aus klar gegliederten Putz- und Glasflächen.

St. Josef-Hospital, Mülheimer Straße 83, Alt-Oberhausen

Die Gemeinde St. Marien gab 1926/27 an den Architekten Fritz Sonnen (Architekt in der Bauabteilung der GHH) den Auftrag zu einem viergeschossigen Erweiterungsbau des Krankenhauses, der Patientenzimmer und Behandlungsbereich beherbergen sollte. Vor den eigentlichen Krankenhausbereich wurde ein zweigeschossiger Bau gesetzt, der Geschäfte, Bücherei und Gemeindezentrum enthielt (heute Verwaltung des Krankenhauses). Der viergeschossige Krankenhaustrakt ist flach gedeckt und durch imposante Lisenen vertikal gegliedert, teilweise sichtbare Betonstürze betonen die Horizontale. Der zweigeschossige, langgestreckte Bau wird zur Krankenhauseinfahrt durch einen dreigeschossigen Baukörper abgegrenzt. Die Fassade des flachgedeckten Baus ist völlig schmucklos. Die Gliederung erfolgt in erster Linie durch die Fenster, die im langgestreckten zweigeschossigen Gebäudeteil in Reihung und quadratisch, im dreigeschossigen hochrechteckig sind und die vertikale Form ihres Baukörpers wieder aufnehmen.

Kirche St. Michael, Falkensteinstraße 234, Alt-Oberhausen

Die Kirche St. Michael wurde 1925 in hellrotem Backstein erbaut. Der Architekt war Fritz Sonnen, der als Architekt bei der GHH angestellt war. Der Bau gliedert sich in Saalkirche mit Walmdach, Westturm mit abgestuftem Dach und Anbauten mit Flachdächern. Die mittig gelegene Haupteingang ist von einem Giebelbogen überspannt, diese Dreiecksform wird auch in den seitlichen Arkaden aufgenommen. Ein umlaufendes Gesimsband unterhalb der Giebelbögen und auffällig vermörtelte Lagerfugen betonen die horizontale Gliederung der Wandflächen. Über dem Haupteingang und am Turm unterstreichen schmale, hochrechteckige Fenster die Vertikale. Farbigkeit wird durch die hellen, plastischen Fugen und durch die Schattenwirkung versetzt vermauerter Steine erreicht. Die verschieden Funktionen der einzelnen Räume lassen sich an der differenzierten Anordnung und Gestaltung der Baukörper ablesen.

Ausstellungshalle Gasometer Oberhausen, ehem. Gasbehälter, Am Grafenbusch 90, Oberhausen-Neue Mitte

In den Jahren 1927-1929 wurde der Gasometer für die Eisenhütte Oberhausen als Zwischenspeicher für Gichtgas, einem Abfallprodukt der Hochöfen, erbaut. Zum Zeitpunkt seiner Fertigstellung war er mit einer Höhe von 117,7 Metern, einem Durchmesser von 67,5 Metern und einem Lagervolumen von 350.000 Kubikmetern der größte Scheibengasbehälter Europas. Noch bis 1988 wurde der Gasometer zur Lagerung des Koksofengases der Kokerei der benachbarten Zeche Osterfeld benutzt. Als beeindruckender Ausstellungsort wird der Gasometer seit 1994 vielfältig genutzt.

Zentraldepot des Rheinischen Industriemuseums, ehem. Hauptlagerhaus der Gutehoffnungshütte, Essener Straße 80, Oberhausen-Neue Mitte

1920 lobte die Gutehoffnungshütte einen Wettbewerb zur Neugestaltung der Hauptverwaltung und zur Anlage eines zentralen Lagerhauses aus. Der Architekt Peter Behrens gewann diesen Wettbewerb. Peter Behrens war Leiter der Kunstgewerbeschule in Düsseldorf, hatte zunächst als Maler und Kunstgewerbler in Jugendstilformen gearbeitet, aber bereits 1910 mit der AEG-Turbinenhalle in Berlin einen richtungsweisenden Bau der modernen Industriearchitektur geschaffen. Als Gestalter vieler Produkte der AEG ist er einer der ersten Industriedesigner in Deutschland. Das Lagerhaus der GHH ist, genauso wie der Verwaltungsbau und das Torhaus, als Stahlskelettbau mit teilweiser Klinkerverkleidung errichtet, die alleine sich der Auftraggeber 400 000 Reichsmark kosten ließ. Das Hauptlagerhaus hat einen rechteckigen Grundriss. Erst der Aufriss weist auf die unterschiedliche Gestaltung der Baukörper hin. Erdgeschoss und Sockelgeschoss sind durch ein kragendes Schutzdach getrennt, oberhalb dieses Schutzdaches ist der Hauptbau fünfgeschossig und durch zwei eingezogene Treppentürme, die über alle fünf Geschosse des Aufbaus verklinkert sind, in drei einzelne Kuben gegliedert. Zum Verwaltungsgebäude hin schließen sich zwei weitere, unterschiedlich hohe Baukörper an, die durch helle Gesimsstreifen gegliedert sind. Auch durch die Reihung der Fenster wird eine Gliederung der dunklen Wandflächen erreicht. Der Wechsel zwischen dunklen, verklinkerten Gebäudeteilen und den beiden zurückspringenden oberen Geschossen, die nicht verkleidet sind und dadurch, wie die Fenster, hell wirken, betont die Bedeutung der Farbe bei der Gestaltung. Der Bau ist durch die horizontalen und vertikalen Gliederungselemente und die farbliche Gestaltung mit dem Gesamtkomplex und den Bauten der Umgebung verbunden.

Ehem. Wasserturm der GHH, Mülheimer Straße 1, Oberhausen-Neue Mitte

Zur Zeit des ausgehenden 19. Jahrhunderts waren infolge der Industrialisierung die Ansprüche an die Wasserwirtschaft vehement angestiegen. Um die Wasserversorgung zu sichern wurden im Flachland Wassertürme gebaut, die als Wasserspeicher für ungleiche Abnahmemengen dienten und den Mindestdruck sicherten. Der Oberhausener Turm ist nach dem Patent von Otto Intze gebaut, durch das eine geringe Materialbeanspruchung des darunter liegenden Turmschaftes erreicht wurde. Der ehemalige Wasserturm der GHH wurde 1897 erbaut, um mit dem Hüttenwerke an der Essener Straße, aber auch die Wohnhäuser der Umgebung zu versorgen. Seine Höhe beträgt etwa 50 Meter, sein Fassungsvermögen 1.000 m³. Der Turmschaft aus Backstein erinnert mit seinen historisierenden Formen an mittelalterliche Befestigungstürme.

Technologiezentrum Umweltschutz (TZU), ehem. Werksgasthaus der Gutehoffnungshütte (GHH), Essener Straße 3, Oberhausen-Neue Mitte

Das Werksgasthaus der GHH wurde 1913-1917 nach Plänen des Architekten Carl Weigle errichtet. Es war von einem größeren Park umgeben, der vermutlich ebenfalls von Weigle geplant war; hiervon sind nur noch wenige Teile erhalten. Neben der Funktion der Bewirtung und Unterbringung von Firmengästen diente es der Führungsetage und den Gästen als Casino. Darüber hinaus enthielt es Besprechungsräume und einen großen Saal mit Bühne. Dieser wurde für Festlichkeiten des Unternehmens genutzt, stand aber auch den Bürgerinnen und Bürgern für eigene Veranstaltungen zur Verfügung. Im historisierenden Stil, mit barocken und neoklassizistischen Stilelementen ausgestattet, symbolisiert es Macht und Selbstbewusstsein des Unternehmens.

Siedlung Grafenbusch, Am Grafenbusch, Oberhausen-Neue Mitte

Die Siedlung Grafenbusch ist im Auftrag der Gutehoffnungshütte entstanden. Man beabsichtigte, laut Beschluss des Aufsichtsrates, „die Anlage einer großzügig gedachten Beamten-Kolonie" für die leitenden Angestellten der nahe gelegenen Hüttenwerke und ihre Familien. Den Auftrag erhielt der Architekt und Jugendstilkünstler Bruno Möhring, der durch kunstvolle Brückenkonstruktionen, Ausstellungsbauten und Industriebauten (Maschinenhalle der Zeche Zollern 2/4 in Dortmund 1902-1903) bekannt war und seit 1909 als einer der profilierten deutschen Stadtplaner galt. Die zwischen 1910 und 1923 entstandenen 21 Häuser unterscheiden sich untereinander: Es gibt Einfamilienvillen, Doppelhäuser und Mehrfamilienhäuser. Die Rangordnung der Familien ist an der Wohnlage, am Haustyp und an der Größe des Wohnraums abzulesen. Eine Einzelvilla mit Lage zum Kaisergarten – den Mitgliedern des Vorstandes vorbehalten – konnte bis zu 300 m² Wohnfläche haben, die Mehrfamilienhäuser zum Bahndamm hin immerhin noch 160 m². Trotz dieser Großzügigkeit wirken die Villen nicht aufdringlich imposant, da Ornamente und repräsentative Bauformen nur wenig eingesetzt wurden. Der Eindruck der Privatheit wird noch durch parkähnliche Gärten betont, die den Abstand der einzelnen Villen zueinander betonen.

Siedlung Eisenheim, Wesselkampstraße, Fuldastraße, Werrastraße, Eisenheimer Straße, Berliner Straße, Oberhausen-Osterfeld

Die Siedlung Eisenheim wurde in mehreren Bauphasen in der Zeit von 1846-1903 erbaut. Zunächst als Unterkunft für die Hüttenarbeiter von Jacobi, Haniel & Huyssen gedacht, nahm sie zum ausgehenden 19. Jahrhundert vor allem Bergarbeiter auf, die durch Anwerbung häufig aus entfernten Landen ins Ruhrgebiet kamen. Auf einem rund sieben Hektar großen Areal entstanden 51 zweigeschossige und eingeschossige Doppelhäuser sowie Vierfamilienhäuser mit Kreuzgrundriss (jede Familie hatte einen eigenen Eingang) in verschiedenen Stilformen. Die Größe der Wohnungen für eine Familie lag zwischen 55 m² und 65 m². In der Zeit um 1900 lebten hier etwa 1200 Menschen. Den Häusern angeschlossen waren Stallungen und Gärten, die eine Größe zwischen 200 und 300 m² haben konnten. In die Siedlung integriert waren auch gemeinschaftlich zu nutzende Waschhäuser, von denen eines heute mit einer Ausstellung die Bau- und Architekturgeschichte,

das Leben in der Siedlung und den Kampf um Erhalt und Erneuerung dokumentiert.

Polizeigebäude, Wilhelmplatz 2, Oberhausen-Sterkrade

Der viergeschossige Backsteinbau mit verschiefertem Satteldach und Stufengiebel wurde 1927 errichtet. Zwei seitliche Treppen führen zum Hauptgeschosseingang, der durch Lisenen und Öffnungen mit kleinen Pfeilern betont wird. Die Hauptfront ist durch Fensterachsen gegliedert. Die Fenster im Untergeschoss besitzen Ziergitter, im vierten Geschoss befinden sie sich in ornamentierten Feldern auf durchlaufendem Sohlbankgesims, darüber angeordnet sind fünf Dachzwerchhäuser mit Backsteinstufengiebeln, die untereinander durch Schiefergauben mit paarigen Fenstern verbunden sind. Im Gebäudeinneren ist der Bauschmuck vor allem in den Treppenhäusern und in den Türrahmungen erhalten.

Zeche Osterfeld, Schacht IV., Zum Dörnbusch, Oberhausen-Osterfeld

Die Tagesanlagen der Zeche Osterfeld entstanden zwischen 1921 und 1924 nach den Plänen des Oberhausener Architekten Toni Schwingen für die Gutehoffnungshütte. Auf unterschiedlicher Höhe im Gelände angeordnet befinden sich, im rechten Winkel zueinanderliegend, die Gebäude der Schachtanlage. Das langgestreckte Kauengebäude mit Verwaltungstrakt wurde noch massiv in Backstein errichtet, während der höher gelegene Turm eine Stahlkonstruktion mit vorgehängter Stahlfachwerkfassade aufweist und damit als frühes Beispiel für einen geschlossenen, ummantelten Förderturm anzusehen ist. Die Trennung von Fassade und der den Bau tragenden Konstruktion setzte sich später weltweit in der Hochhausarchitektur durch.

Neue Gärten Oberhausen, Landesgartenschau Oberhausen, OLGA, ehem. Zeche u. Kokerei Osterfeld, Oberhausen-Osterfeld

Auf dem Gelände der ehemaligen Zeche und Kokerei Osterfeld entstanden anlässlich der Landesgartenschau 1999 als letztes großes Parkobjekt der Internationalen Bauausstellung (IBA) im Emscher Landschaftspark die „Neuen Gärten Oberhausen". Geschaffen wurde kein Park im romantischen Stil, sondern ein „Neuer Garten", der die prägende Schicht der Montanindustrie durchscheinen lässt. So wird das Gewesene neu geordnet und eine Parkarchitektur geschaffen, die transparent Vergangenheit und neue Nutzungsperspektiven verknüpft.

Ludwig Galerie Schloss Oberhausen, ehem. Schloss Oberhausen, Konrad-Adenauer-Allee 46

Das Schloss Oberhausen wurde erst 1804-1818 nach Plänen des Architekten August Reinking für Maximilian Graf von Westerholt-Gysenberg erbaut. Es entstand ein schlichter klassizistischer Bau mit dreigeschossigem Haupttrakt und zurückgesetztem dreigeschossigen Nordflügel, hufeisenförmig umschlossen von eingeschossigen Wirtschaftsgebäuden. Die heutigen Gebäude des Schlossen entsprechen nicht mehr dem ursprünglichen Zustand: Nach Kriegszerstörungen, die eine erhebliche Schädigung der Bausubstanz zur Folge hatten, wurde das Schloss in den Jahren 1958-60 als Dreiflügelanlage in veränderter Form neu errichtet. An der Rückfront schließt sich nun ein spätbarock anmutender

Ehrenhof an, der von flachen Gebäudeteilen hufeisenförmig umschlossen wird. Der erneuernde Umbau (Architekten Eller/Eller), 1998 abgeschlossen, betont die Grundidee der Einheit von Schloss und Kaisergarten. In den Räumlichkeiten des Schlosses ist heute die Ludwig Galerie Schloss Oberhausen untergebracht, die mit ihrem Ausstellungskonzept der Vermittlung von „Hochkunst" und „Trivialkunst" eine große Anzahl von Besuchern anzieht.

Kaisergarten

Der Kaisergarten ist die älteste öffentliche Grünanlage Oberhausens. Am 22. März 1897 wurde der Volkspark anlässlich des 100. Geburtstages Kaiser Wilhelm I. eingeweiht. Für die Gestaltung des Gartens wurde ein Wettbewerb ausgeschrieben, den der Oberhausener Gärtner Joseph Tourneur gewann. Das Erscheinungsbild des Parks hat sich seit dieser Zeit häufig verändert, so wurde das mit einer Terrassen- und Brunnenanlage aufwändig gestaltete Parkhaus im Zweiten Weltkrieg zerstört und nicht wieder aufgebaut.

LUDWIGGALERIE
SCHLOSS OBERHAUSEN

Direktor: Bernhard Mensch

Park-Stadt Oberhausen
**Wiedergeburt eines historischen
Stadtzentrums moderner Architektur**

Ausstellung

Gesamtleitung	Bernhard Mensch
Konzeption und Gestaltung	Peter Pachnicke
Mitarbeit:	Roland Günter
	Angelika Mertmann
	Gertrud Kersting
	Axel Neidmann
	Dieter Wientgen
	Dieter Wiese
Ausstellungskoordination	Christiane Brox
Ausstellungskommunikation Mitarbeit	Caroline Schumacher
	Marcel Thau
Museumspädagogik Mitarbeit	Sabine Falkenbach
	Ursula Bendorf-Depenbrock
	Anne-Marie Keller
	Peter Reuter
	Axel Scherer
Sekretariat	Doris von Prondzinsky-Lange
	Christiane Henkel
Ausstellungstechnik	Olaf Stöhr
	Bernhard Jesch
	Klaus Engel
	Norbert Greser
Besucherservice	Rita Becker
	Gerda Steiner
	Elke Rütten

Katalog

Konzeption und Gestaltung	Peter Pachnicke
Redaktion	Angelika Mertmann
	Christiane Brox
Layout- und DTP-Arbeiten	Brigitte Hülsmann
Herstellung	Printmanagement Plitt GmbH, Oberhausen

Zweite korrigierte Auflage 2005
© aller Fotografien bei Thomas Wolf Gotha
© Fotografie Seite 156/157 bei Rheinisches
Industriemuseum, Oberhausen
© der Beiträge bei den Autoren
ISBN 3-932236-14-9